AF344208

DE LA MONARCHIE

DE

NAPOLÉON.

Cet Ouvrage est suivi :

1.º Des Constitutions de la République et de l'Empire, des Sénatus-Consultes organiques et des Lois *d'exception* ;

2.º Du Tableau statistique de l'Empire français ;

3.º De l'Organisation des pouvoirs publics ;

4.º Du Tableau de la Force armée et des levées de la Conscription ;

5.º De la Notice des Traités de Paix, d'Amitié, d'Alliance et de Commerce, et des Concordats ;

6.º Du Tableau de la situation de l'Empire en 1813 ;

7.º De Documens attribués à Napoléon sur la Campagne de 1813 ;

8.º D'Éphémérides biographiques, consulaires, et impériales ;

9.º Des Fastes des Bonapartes.

DE L'IMPRIMERIE DE POULET, QUAI DES AUGUSTINS.

INTRODUCTION

À L'HISTOIRE

DE

L'EMPIRE FRANÇAIS,

OU

ESSAI SUR LA MONARCHIE DE NAPOLÉON.

*Donnez-moi cinq années de despotisme,
et je rends la France libre.*
Paroles de Turgot, répétées par NAPOLÉON.

SECONDE ÉDITION.

TOME SECOND.

PARIS,

CHEZ PAUL DOMÈRE, LIBRAIRE,

RUE DU BATTOIR, N.º 3.

1820.

DE LA MONARCHIE

DE

NAPOLÉON.

CHAPITRE XII.

De toutes parts, dans la France, s'élèvent des institutions ; de toutes parts, en Europe, se dressent contre leur fondateur des embûches, contre elles-mêmes, des obstacles. Une innombrable flotille, rassemblée à Boulogne, inquiétait l'Angleterre ; de nouveaux établissemens en Italie et sur le Rhin irritaient les puissances du Nord, auxquelles celles du midi répondaient par un silence équivoque. L'Autriche suscitée, soudoyée par l'ennemi du continent, rompt la paix, ou plutôt la trève universelle, par le premier cri de guerre. Napoléon répond à ce cri par la plus imposante offensive. Des côtes de la Manche aux rives du Rhin, sa redoutable armée accourt porter l'épouvante et commande le succès. Le fleuve est passé sur tous les points : l'Allemagne, innondée par nos phalanges accoutumées à vaincre, semble reculer toute entière jusques au Danube et se couvrir des remparts d'Ulm. Mais Ulm tombe, Braunau se rend, Inspruck nous restitue notre artillerie et nos étendarts, le combat de Dierustein signale la valeur de quatre mille Français contre trente mille Russes qu'ils mettent en déroute. Enfin, c'est dans Vienne soumise que l'empereur va dicter la paix. Toutefois un dernier effort joint les Russes encore intacts à l'Autriche mutilée : il s'agit de la monarchie de cette imprudente maison de Hapsbourg, qui, pour sauver l'Angleterre, se présente aux coups qui lui sont destinés. *Le soleil d'Austerlitz* brille : il éclaire la défaite totale des deux alliés. Trois empereurs balancent, à la pointe de leurs glaives, les destins du monde : l'empereur de France vient de les fixer. Trente mille prisonniers déposent à ses pieds leurs armes et leurs drapeaux ; quarante mille braves y ont laissé la vie.

Quel traité que celui de Presbourg ! Comme après Marengo, l'Autriche perd tous ses établisse-mens au-delà des Alpes ; mais comme après Marengo, loin de recevoir aucune indemnité, elle se voit arracher Venise, dont elle dote le nouveau royaume d'Italie, et toute l'Autriche antérieure, qu'elle abandonne à Bade, devenu grand-duché, à la

Bavière et au Wurtemberg élevés bientôt au rang de royaumes.

Cependant Napoléon a retrempé l'antique couronne des Lombards. Il asseoid sur le trône abandonné des Deux-Siciles son frère Joseph. La Hollande en élévera un pour le prince Louis. De grands fiefs en Allemagne, en Italie, seront distribués à sa famille et aux vainqueurs des rois; et déjà de magnifiques récompenses vont se répartir entre tous les compagnons de sa gloire, devenus ceux de ses succès. Il y met le comble, en brisant cette vieille olygarchie qui pesait sur l'Allemagne, en arrachant ses débris à l'aigle humiliée de l'Autriche, et en les plaçant sous la protection de la sienne. C'est alors que paraît, pour la première fois, sur la scène politique, cette célèbre et éphémère confédération du Rhin, qui, mettant dans la main de l'empereur des Français, les rois et les princes de l'Allemagne méridionale, devint le noyau du système continental.

Qu'était-ce que le système continental? La prohibition du commerce anglais, l'indépendance du commerce européen, la circulation, les échanges de l'industrie française, la punition de ce monopole qui a fait de Londres le comptoir des deux Indes et de son amirauté le chef-lieu du globe. Le but du système continental était la vraie liberté du monde; car la liberté du monde est maintenant dans le *travail* des capitaux : ses moyens sont l'industrie, le commerce et les lumières; son dernier terme, la propriété. Pour y arriver, il faut que la mer soit libre, que toutes les puissances européennes aient des colonies, ce qui ne s'accorde plus avec l'esprit du siècle; ou ce qui s'y concilie parfaitement, que les colonies émancipées deviennent nos magasins d'échange, comme nos capitales deviendront leurs comptoirs d'escompte. Ce plan, grossièrement indiqué, devrait être du politique de l'Europe; c'était celui de Napoléon. Mais pouvait-il convenir à l'Angleterre, toute manufacturière, privée d'agriculture, surchargée de population, et qui, peut-être, a besoin par sa position, par sa constitution, par tous les antécédens qui l'escortent et les conséquences qu'elle prévoit, qui a besoin de continuer à fouler le monde? Entre l'Angleterre qui veut le monopole du commerce, et, pour l'atteindre, qui veut la mer esclave et des colonies exclusives; entre elle, disons-nous, et la France qui, par l'émancipation des colonies, l'affranchissement de la mer, la concurence de l'industrie, veut la liberté du commerce et conséquemment la liberté et l'égalité politiques par la division, sans cesse renouvelée des propriétés; entre ces deux rivales, la question a toujours été de la prospérité de l'une et de la ruine de l'autre. Peutêtre serait-il possible de neutraliser cet antique

différend, en partageant entre deux contendantes,
également grandes, fortes, braves et fières, l'empire de la terre et des mers. Puisque cet empire
est double, et que l'esprit français et le génie
britannique s'accommodent de jouissances contraires, pourquoi ne pas les répartir? C'est ainsi
vraisemblablement que se terminera cette querelle
séculaire, qui ne finit peut-être pas par ce préjugé
enraciné que « le maître de la mer l'est aussi de la
terre, » mais qui trouvera son terme dans l'émancipation, plus ou moins tardive, mais inévitable,
des colonies, ou du moins des colonies indiennes.

Ce moyen terme ne pouvait convenir ni au caractère de Napoléon, ni à la situation générale de
l'Europe, ni à la position respective des deux puissances rivales. Ce prince avait réduit leurs débats
compliqués à la plus simple expression ; de quoi
s'agissait il pour l'Angleterre et pour la France ?
de l'existence même ; et l'empereur disait comme
Hamlet : *Etre, ou n'être pas* (1).

----

(1) La question est encore la même pour l'Angleterre, quoique ce ne soit plus Napoléon qui puisse la lui présenter. Aujour-
d'hui ce sont sept millions d'industriels, parmi lesquels il faut
compter le tiers d'oisifs ou d'indigens, qui adressent ce dilemme
à deux millions de propriétaires, et qui le lui adressent en rugis-
sant. Quelles réponses fera le gouvernement ? à un premier
aperçu, dont le développement n'appartient pas à notre travail,
il semble qu'il y en ait deux : la colonisation et la division des
grandes propriétés en petites fermes.

Averti qu'il y va de sa vie, le cabinet britannique dissimule ses dangers et feint de n'éprouver
de craintes que pour les puissances continentales.
La tribune du parlement retentit d'imprécations
contre le conquérant usurpateur; les diplomates se
montrent aux portes de toutes les capitales, les
marchands au milieu de toutes les banques, de
tous les ports, de tous les magasins. L'or appuie
ces argumens et les fait triompher. Pour ne pas
tomber en proie au tyran de la terre, une partie
de l'Europe se livre à celui des mers. Une nouvelle
coalition, plus étendue, mieux ourdie, enveloppe
une vaste portion du continent. Naples ouvre ses
ports aux Anglais qui infestent de leurs corsaires les
deux mers de la presqu'île et innondent de leurs
marchandises son double littoral. Le Portugal con-
sent à agir, lorsque les succès des alliés auront
encouragé sa lâcheté, et l'Espagne, qui parait plus
fidèle aux sentimens français, n'attend que l'instant de conformer les siens à la fortune. Cependant
le véritable foyer de la coalition est au Nord : l'Autriche, entraînée par l'Angleterre, y entraîne la
Russie à son tour; et la Suède oubliant ses vrais intérêts, mais les yeux fixés sur la Norwège, qui lui est
offerte en échange de la Finlande, promet de jetter
dans la balance une épée, que la France ne lui donnait pas pour la combattre. Cependant ces cabinets

dissimulent encore, restent immobiles, et attendent les événemens.

La neutralité de la Prusse venait d'être utile à la France; elle lui en demanda le prix dans la cession du Hanovre; mais à travers les négociations de cette prétention presque diplomatique, perçait l'intention de se montrer ennemie en cas de refus. Il eut lieu. Le cabinet de Berlin se mit à l'avant-garde de la coalition : c'est par lui que commença l'attaque.

Quelques jours suffirent pour envahir cette monarchie, quelques attaques pour l'ébranler, une seule bataille pour la renverser. C'est que l'œuvre de Frédéric, toute militaire, n'avait aucune racine dans la nation. La politique exigeait peut-être que Napoléon, ou fondit la monarchie dans les états voisins, ou déclarât, comme à Naples, que la maison de Brunswick avait cessé de régner. Il ne fit ni l'un, ni l'autre, et s'en repentit. En restituant au vaincu ses états mutilés, il crut mériter la reconnaissance, et ne recueillit que la haine. Quand le sanglier blessé a pu se retourner contre nous, il s'est moins vengé du mal que nous lui avions fait, que du bien que nous ne devions pas lui faire.

Une autre faute, plus grave peut-être, et d'où a dépendu le sort de l'Europe, c'est l'abandon de la Pologne. Cette barrière naturelle, appui de l'Allemagne, digue de la Russie et rempart de l'Europe, ne demandait qu'à se relever d'elle-même. Il ne s'agissait pas de la considérer dans sa nature intrinsèque : formée d'élémens discordans, cette nature est turbulente ; et si quelque prétexte put paraître spécieux pour motiver le morcellement de cette république, on le trouverait dans son anarchie. Mais cette anarchie même, contenait des fermens révolutionnaires et guerriers, que la France devait recueillir et employer. L'empereur ne le fit pas, et s'en est encore repenti. Il aima mieux rougir du sang russe, infructueusement versé, les neiges d'Eylau, et achever d'anéantir à Friedland cette magnifique garde du Tzar, qu'il avait renvoyée sans rançon le lendemain d'Austerlitz. Dantzick avait aussi capitulé ; les lois françaises gouvernaient Varsovie et Berlin ; la Prusse palpitante sous le fer du vainqueur, attendait la vie de sa générosité ; nos victoires faisaient trembler St.-Pétersbourg et Moscow : dans cette situation, Napoléon relève la Prusse, offre à sa jeune reine un bouquet de roses, gage de clémence, embrasse Alexandre et ne quitte le radeau du Niémen, qu'après avoir ajourné les destins du monde.

A quoi donc tiennent-ils ces destins qui semblent si mystérieux aux peuples qu'ils fatiguent comme la fatalité des Grecs, et qui sont si clairs pour les passions des rois! Le 25 septembre 1806, Napoléon quitte Paris, après avoir promis au sénat, après s'être promis à lui même la destruction de la Prusse, et l'extinction de l'influence Russe en Europe. Vingt combats, trois grandes batailles donnent à ses projes la plus imposante consistance : il ne tient qu'à lui, en incorporant à de nouveaux royaumes les membres dispersés de la monarchie prussienne, en rétablissant, non la république, mais le royaume de Pologne, il ne tient qu'à lui de terminer la guerre continentale, et de séparer pour jamais l'Angleterre de l'Autriche et de la Russie. L'Allemagne contenue par l'arrangement qui rompait ses anciens intérêts, en réunissant ses nouvelles monarchies, passait tout entière sous la tutèle française ; et la Russie, rejettée en Asie, trouvait dans la possession des provinces Turques, situées au delà du Bosphore, le prix même de sa défaite et les indemnités de ses sacrifices.

Un traité secret, signé dit-on, à Tilsilt, présente quelques-unes des données de ce plan ; mais elles sont rendues problèmatiques par les embarras de l'exécution et les chances de l'éloignement. Si l'on en croit ce plan, la Russie bannie d'Europe, et recevant pour limites de ce côté la Pologne rétablie, aurait eu pour indemnités, non la Turquie asiatique, mais la Turquie en Europe, réalisant ainsi les plans de la grande Catherine. — Les Bourbons, déjà chassés de Naples, le seraient d'Espagne, et la maison de Bragance, tributaire forcée de

l'Angleterre abandonnerait le Portugal pour se retirer dans son désert du Brésil. — La Russie prête-
rait sa marine à la France pour reprendre Gibral-
tar, et pour l'aider à reconquérir Malte, les Iles
ioniennes et l'Egypte : la paix avec l'Angleterre
ne se ferait qu'à ce prix. — Les seuls vaisseaux français, russes, espagnols et italiens, pourraient naviguer dans la Méditerrannée. — Le Danemarck
remettrait sa flotte à la France, et recevrait en indemnités les villes anséatiques. On lui garantirait
la possession de la Norwège. — Les villes affricaines
de Tunis, d'Alger, etc., seraient occupées par
les Français, et les conquêtes affricaines données
en indemnités aux rois de Sicile et de Sardaigne.
— Le pape, privé de toute puissance temporelle,
restituerait au royaume d'Italie les possessions
qu'il tient de la munificence des empereurs français.

Jéna et Friedland, qui rompaient la coalition, qui
en dispersaient les élémens, mais qui auraient pu en
anéantir les débris, parurent du moins donner au
système français, tout son développement Européen.
La Russie prend l'initiative : elle offre sa médiation
entre la France et l'Angleterre, reconnait les rois de
Naples, de Hollande et de Westphalie ; car une
des nouvelles combinaisons de l'empereur fut de
s'étayer, au milieu de l'Allemagne, d'un établissement qu'il put gouverner lui même par une régence,

et sous le nom du plus jeune de ses frères. La Prusse,
l'Espagne, après avoir reconnu la Confédération
rhénane, accèdent au système continental. Le Portugal feint d'y accéder, et ferme ses ports aux Anglais. Presque tous ceux de l'Europe leur sont in-
terdits; et de cette époque, période le plus élevé de
la puissance de Napoléon, datte le mécontentement
de l'Europe, les intrigues de son commerce, les complots des sociétés secrettes, les initiations, les ar-
memens mystérieux, et tout ce malaise de l'opinion
qu'elle opposait à la puissance de l'empereur. Tout
ce qui ne veut vivre qu'aujourd'hui partage ces sentimens; le petit nombre d'hommes qui s'occupe du
lendemain ne suffisait pas pour faire tête à la
meute des intérêts mercantiles déchaînés contre
la France, et par une partie de la France.
Comment en effet faire comprendre aux détaillans
que le renchérissement momentané des denrées co-
loniales en amènera nécessairement le rabais? Comment persuader aux anglomanes que *la brûlure* des
marchandises anglaises fera foisonner celles de
l'Inde? comment démontrer aux teinturiers que le
le pastel vaut mieux que l'indigo? comment surtout convaincre les femmes qu'on peut suppléer au
caffé par des productions indigènes, et remplacer
la moëlle de la canne par du miel épuré ou du sucre
de betteraves? c'est pourtant une vérité littérale
que la coalition de ces chagrins fut plus redoutable

à l'empire que celle des princes dépossédés : elle grouppa autour des passions criardes des intérêts d'un ordre plus important ; et tandis que les villageoises, pleurant en secret les fils que la conscription arrachaient à la charrue, se consolaient pourtant de leur absence, par l'espérance de leur avancement, ou de leur perte, par la certitude du salut commun, le clincailler de la rue aux Ours, le drapier de rue Saint-Denis, maudissaient l'empereur qui faisait détruire les chefs-d'œuvre de l'acier anglais, ou briser les métiers de Manchester. On retracera dans quelques instans, l'influence de cette opposition, toujours insistante, jamais désarmée, et qui, d'une cause en apparence méprisable, fit sortir le plus redoutable effet, je veux dire la chûte de l'empire et celle de Napoléon.

Un épisode scandaleux vient bigarrer ici son avantureuse carrière. Des chagrins domestiques troublent le palais d'un vieux monarque, où, par l'insolence d'un favori, les plaintes de sa victime et les prétentions de son concurrent, venait d'éclater le secret du lit conjugal. Trois personnes augustes, au moins par leur rang, s'offraient à l'Europe, dans une position déplorable et ridicule. La longaminité du royal époux, si long-temps inépuisable pour une épouse au moins imprudente, pour un favori au moins indiscrete est épuisé, pour un fils qui la réclame. L'agitation des cœurs passe dans les esprits et les divise ; descendue du palais dans la nation , elle l'a partage. Au nom de l'époux outragé , au nom du fils mécontent , on court aux armes. Remuée par je ne sais quel levier , l'une des factions menace. A ces cris, le vieux roi se déconcerte et abdique ; son fils est proclamé. Le favori tremble et se cache. Des conseils, qu'on ne peut encore qualifier , dirigent le nouveau monarque ; et placée entre une autorité , que la violence ébranle , et celle que l'usurpateur arrache , la nation murmure , s'indigne et frémit.

Une armée française , appuyée sur ces baïonnettes, observait ce spectacle en silence : elle le rompt , en marchant au secours du vieux prince opprimé. La force rétablit l'équilibre détruit par la violence : l'abdication , que la terreur enleva , est déchirée ; le nouveau monarque abdique à son tour.

Il faudrait ignorer jusqu'aux premiers mouvemens du cœur humain pour voir dans ce prompt retour un dénouement. C'est tout au plus une sorte de péripétie , jetée à la manière des tragiques , par la main du sort , et à laquelle se rattachent des nœuds plus compliqués.

Ce sont ces nœuds que Napoléon , par sa position, par son intérêt , est appelé à dénouer. Par son caractère, il est excité à les rompre.

On l'a accusé de les avoir ourdis , de les avoir

serrés d'une façon inextricables On a qualifié de
perfidie son intervention souveraine, de guet-à-
pens le voyage de Bayonne. Il était vraisemblable
que le vieux monarque y viendrait pour se plaindre, il ne l'était pas néanmoins que le jeune n'y
viendrait pas pour rougir. Dans cette supposition,
où était la perfidie, où était le guet-à-pens? Au
surplus, nous racontons brièvement et nous ne
jugeons pas.

Napoléon contemple cette famille déplorable dont
les malheurs auraient pu lui arracher des larmes
s'il avait su pleurer, mais dont les torts dirigèrent
vers un autre ordre d'idées ses pensées réforma-
trices.

On n'exigera pas d'un guerrier qui avait gagné
son trône comme ses épaulettes, à la pointe de l'é-
pée, qu'il ait un respect superstitieux pour l'an-
cienneté des races, pour la vétusté des dynasties,
pour ce que nous révérons aujourd'hui sous le nom
mystérieux de *Légitimité*.

Dans ces princes, dont l'un trébuche du trône au
premier coup, dont l'autre, malgré ses efforts, n'y
peut monter, Napoléon ne voit que des souverains
indignes, ou du moins incapables de l'être. Abs-
traction faite de leurs droits, qui sont peu pour lui
sans leurs titres, et comptant pour moins encore
leurs prétentions, ils jugent qu'ils ont cessé de
régner. L'acte de leur renonciation n'est à ses

yeux que la légalisation d'un fait que la morale politique vient de jetter dans l'urne de l'histoire, et qui ne peut s'effacer. L'autre morale, se plaçant dans un autre point de vue, jugera peut-être différemment. Et la poésie, s'emparant d'un sujet préparé pour ses pinceaux, représentera Napoléon, le front sévére et le regard investigateur, au milieu de cette royale famille, que sa politique inquiète, que ses torts, à elle, troublent davantage, mais qui se rassure par sa puissance et s'abrite sous sa bonté. Toutefois sa bonté n'est que sa justice, et sa justice n'est que sa politique. Il pénètre dans ces âmes, dont chacune encore a la soif du pouvoir, dont une seule en conserve et en montrera un jour les hautes qualités ; prêtes d'ailleurs à le résigner pourvu que le sacrifice soit réciproque. Si l'on en croit la tradition peut-être trop sévère, c'est avec une joie insensée que le père s'immole, car il immole son fils; et que le fils s'exécute, car il fait tomber son père. Qu'un visir audacieux ait souri à cet affreux spectacle, c'était son rôle, et ce spectacle était le prix qu'il s'était promis. Mais une reine, une épouse, une mère! que, pour y applaudir, elle ait oublié son rang, son sexe, la nature; que pour les outrager avec plus de sécurité, elle ait mendié sa chute et stipulé son oppression : voilà ce qu'on croirait renouvelé des fables grecques, si la tragique aventure, qui vient de se passer sous nos yeux, ne prouvait que les fables, qui racontent les passions humaines, sont l'histoire de tous les temps et de tous les pays.

L'empereur, en plaçant l'Espagne dans le rayon de son empire, aurait dû s'emparer de l'épée de Charles-Quint, que la main de son frère Joseph ne pouvait que soulever. L'un et l'autre, qui avaient trouvé des points d'appui dans les grands, trouvèrent, dans la nation même, des points de résistance. Plusieurs bannières rallièrent à des partis divers; mais une bannière qui les dominait toutes, celle de l'indépendance, sembla bientôt ne faire de l'Espagne qu'un seul parti décidé à chasser l'étranger. Napoléon, devant lequel tremblait l'Europe, put trembler à son tour à l'aspect du patriotisme en habit de moine et du fanatisme en manteau castillan.

A leurs menées, puis à leurs cris d'alarmes, répondent les menées de l'Angleterre et quelques plaintes de la Russie. Forte de sa masse colossale, cette puissance ne veut elle point se soustraire à l'influence française; et bravant enfin celui qui bravait l'univers, ouvrir ses ports aux Anglais, les lignes de ses douanes à leurs marchandises, et annuller de la sorte les décrets de Milan et de Berlin.

Que fera, dans cette grande circonstance, l'émule du vainqueur de Zurich, vainqueur lui-

trième défaite les fera-t-elle disparaître ? Le moment semble arrivé de refouler jusqu'au Caucase et dans son désert hyperboréen ce torrent de slaves qui menace la civilisation. En le repoussant en Asie et au Pôle, on repousse la barbarie, on assure l'indépendance de l'Europe.

Mais ces barbares ont pour maître un prince qui n'aspire qu'à échanger ce titre despotique contre le nom paternel de roi. Sa grande âme comprend dans celle de Napoléon tout ce qu'il y a de magnanime ; il n'y soupçonne pas ce qu'elle peut recéler d'effervescent et d'ambitieux. A Erfurt, les deux empereurs s'embrassent et s'entendent : une partie des conventions secrètes de Tilsitt va s'accomplir ; et sur les nouveaux refus de l'Angleterre, Napoléon reparaît en Espagne, livre la bataille de Burgos, prend Madrid, et va remettre à son frère la péninsule soumise. C'est alors qu'une nouvelle coalition, suscitée par le cabinet britannique, arrache l'empereur à ses succès : l'Autriche avait envahi la Bavière, et n'imaginait pas que, du fond des Espagnes, son ennemi pût accepter d'autres combats. Que ne peut cependant un génie actif secondé par l'enthousiasme qu'il inspire ! Cet enthousiasme et ce génie reparaissent à Abensberg, à Eckmühl, à Ratisbonne ; et sans une catastrophe impossible à prévenir comme à prévoir, ce nouvel incendie s'éteignait faute d'alimens. Cependant l'Autriche harcelée en Pologne par les Russes, en Italie par Eugène, ne montre à Wagram qu'un dernier et impuissant effort : elle succombe enfin ; et comme après tant de mauvaise foi, il est facile de croire à ses regrets et impossible de croire à ses remords, ce ne sont plus des provinces qu'elle en offre pour gage, c'est elle-même dans la personne d'une fille chérie, devenu le doux nœud de la paix (1).

---

(1) C'est un spectacle digne de provoquer les réflexions des publicistes que la politique de Napoléon dans les alliances contractées sous son influence ou par sa volonté. A commencer par la sienne avec une princesse de la maison d'Autriche, on y remarque un système de fusion qui est excellent, lorsqu'il est le fruit facile d'un accord mutuel entre des parties contendantes, mais qui peut devenir détestable, quand il est imposé par la force à la faiblesse abattue. En l'adoptant, ce système, on se condamne à une défiance réciproque, résultat nécessaire entre celui qui a exigé parce qu'il pouvait tout, et celui qui n'a point refusé parce qu'il n'osait rien. Delà, une surveillance acerbe d'un côté, et de l'autre une crainte haineuse. Que sera-ce si, au milieu de ces sentimens désaffectueux, se vient placer un mutuel mépris ? Tels furent ceux qui semblèrent à la fois la dot et le douaire de l'archiduchesse. En l'accordant, peut-être même en l'offrant à l'empereur, les princes de cette maison auraient cru désavouer leurs ayeux, si en admirant, si en redoutant surtout leur vainqueur, ils ne l'avaient pas couvert du dédain qu'inspire aux castes féodales un soldat parvenu ; et de son côté, ce soldat ne manquait pas de payer de la même désobligeance des personnages qui, hormis un seul, n'avaient donné de leurs talens militaires qu'une assez mince idée. Notez que de tels mouvemens ne sont nullement incompatibles avec la bonté morale ; car, malgré les rugissemens de l'esprit de parti, cette dernière ne fut point étran

A quelles fureurs secrètes ces succès décisifs de
Napoléon ne livrent-ils pas l'Angleterre! Elle a
tenté de renouer à Walcheren la trame coupée par

---

gère à Bonaparte, et elle est surtout le caractère le plus distinct
de l'illustre maison d'Autriche. Pourquoi, par des subtilités qui
sont, je crois, l'un des mystères du pouvoir, s'accordent-elle si
mal avec la politique? Quoiqu'il en soit, nul doute que ce fut
dans ces alliances qui devaient consolider sa dynastie, que Napoléon trouva ou des obstacles à sa consolidation, ou des instru-
mens à sa ruine. En citant celle-ci, je ne parle point du choc
qui l'a décidée, puisqu'un événement arrivé hier n'a pas besoin
d'être prouvé, mais je parle, ou plutôt je veux parler des causes
éloignées et cachées qui ont amené cet événement. Lorsqu'il sera
permis de tout dire, on démontrera que, parmi ces causes, l'une
des plus efficientes peut-être est cette opposition que la force des
choses avait mise entre le beau-père et le gendre; opposition que
l'auguste, mais trop indulgente Marie-Louise essaya vainement
d'amortir, tandis que la violence des événemens, autant que son
origine, l'aigrissait chaque jour de plus en plus, et dont comme
fille, comme épouse, comme mère et comme souveraine, elle est
devenue la seconde et mémorable victime.

Sans doute que les conséquences d'un événement possible sont
faciles à tirer, et pour les déconcerter, il n'eût fallu peut-être
qu'une circonstance qui les fit passer de l'hypothèse à la réalité.
Sans pourtant justifier tout à fait le reproche de naïveté, ne
pourrait-on pas hasarder quelques conjectures sur un résultat
probable, si au lieu de détourner par la violence le cours des
choses, Napoléon en eût suivi le flux naturel? Il avait à sa disposition tout ce qui assure et prolonge les dynasties, une longue
ligne d'hérédité directe, et son bonheur voulait que le chef de
cette ligne fut un prince accompli; je dis accompli dans le sens
de la France qui, tout en admirant, en respectant, en redoutant
son empereur conquérant, voyait croître avec espérances son
empereur pacifique: à Romulus, en effet, eût succédé Numa.

le glaive du seul ennemi qui lui soit redoutable ;
c'est en vain : il a fallu reporter dans ses rades l'i-
nutilité de l'entreprise et la consternation d'y avoir

Et certes, sous celui qui avait connu l'une et l'autre fortune, la
nation eut enfin vu fonder ses libertés constitutionnelles. Mais
qu'étaient-elles ces libertés pour un homme qui ne trouvait de
sceptre façonné à sa main que le glaive du despotisme, pourvu
que ce glaive fut paré de lauriers ? Enfin, en greffant, pour ainsi
dire, sa dynastie d'hier sur les dynasties dont l'origine se perd
dans la nuit germanique, il leur donnait à la fois le secret de la
force qui leur reste et de la faiblesse qu'il se sentait à lui même :
hommage involontaire à l'opinion qui dispense l'antiquité de garanties, mais qui en demande aux innovations. Celles de Napoléon reposaient sur son épée et sur un contrat de mariage ; et ce
dernier s'est trouvé sans valeur, lorsque la première est demeurée
sans puissance. Un Numa de race nous est revenu, et avec lui un
acte qui reconnaît que nos prétentions sont des droits, et n'ont
besoin pour passer de la théorie à la pratique que d'une législation
appropriée. Cette métastase politique, qui d'ailleurs ne doit laisser aucun regret, aurait-elle pu avoir lieu, si, à la chute de Napoléon (chute que hâtait son système soutenu dans les derniers
temps avec plus d'opiniâtreté que de moyens), un héritier se fût
présenté pour lui succéder ? Remarquez bien qu'à cette époque,
le dogme de la légitimité n'ayant point été controversé, les
puissances, comme la nation, ne demandaient dans le chef
du gouvernement qu'un gage de sécurité : elles n'en trouvèrent aucun dans une régence, que d'ailleurs l'Autriche pouvait
exploiter à son profit ; et pour calmer toutes les craintes, et
rassurer tous les intérêts, les Bourbons furent rappelés. Sans
parler d'autres circonstances étrangères à celles-ci, et qui ont
concouru au retour de ces princes, cette dernière seule l'aurait
déterminé : c'est donc Napoléon qui la prépara, et auquel nous
la devons. L'histoire dira si, par ce retour, nous lui devrons aussi
nos libertés.

échoué. Elle nous punira de cette honte, en irritant contre l'empereur ces passions basses et cupides auxquelles nul moins qu'Alexandre n'est accessible. Et pourtant ce sera ce prince qui, changeant de politique, parce qu'il croit changer d'intérêts, adoptera ceux de l'Angleterre, lui ouvrira ses ports, et commencera le triomphe d'un monopole, pour lequel déjà, sans le savoir, combat l'Espagne, et qui fera la ruine des imprudens qui l'auront défendu.

À cette époque, les revers de Napoléon n'avertissaient pas l'Europe de partager cette opinion insensée. Aux premiers mouvemens de l'empereur du Nord, à ses premières menaces, elle écoute la voix de l'empereur du Midi : elle répond à son appel par un armement général.

Cinq cents mille combattans franchissent tous

Elle se montrera sévère pour son divorce, cette histoire qu'alors aucun prestige ne pourra séduire, qu'aucun intérêt ne pourra corrompre. Elle invectivera contre un despotisme devenu assez tyrannique, pour briser, sans nécessité, la première loi de famille, le mariage ; elle livrera au mépris ce lâche sénat qui justifie le parjure, et ces prêtres, plus déhontés encore, qui bénissent l'adultère. Mais elle réservera toute son admiration pour cette magnanime Joséphine qui, du faîte des grandeurs, qu'elle sacrifia à la patrie, serait tombée dans la nullité, si, en abdiquant deux trônes, elle n'avait conservé celui que la bonté, embellie par les graces et par l'esprit, lui avait consacré dans le cœur des Français.

les fleuves de l'Allemagne , traversent la Pologne qui les seconde de son assentiment et de ses soldats, et viennent , jusques sur les rives de la Moskowa , défier toutes les Russies. Partout vainqueur, maître de Moscow , Napoléon pouvait-il redouter l'alliance de l'incendie avec les Kalmouks et celle des frimats avec les destins? Là se terminent les siens. N'a-guères une alliance auguste semblait les avoir élevé plus haut qu'il n'est donné à un mortel d'y prétendre. Il ne peut plus monter , et ce n'est pas un génie tel que le sien qui reste stationnaire : il faut qu'il décline. La Bérésina , Dresde , Leipsick marquent encore sa décadence par des efforts qui l'illustrent. Une défection sans excuse , mais non pas sans motifs , signale le dernier : l'Allemagne , dit-on , lui doit son honneur et sa délivrance ; comme si la lâche trahison n'était pas à la fois une chaîne et une tâche ! Comme si le Nord ne recélait pas dans ses flancs les oppresseurs prochains de l'empire germanique , et dans ses implacables ennemis , les vengeurs des soldats Français !

Un jour peut-être nous écrirons la chute de Napoléon ; aujourd'hui nous ne pouvons que l'indiquer. Dans ces études sur sa monarchie , notre objet n'a pu être ni de raconter les événemens , ni d'en démêler les causes. Il s'agissait principalement des institutions impériales et de leur esprit. Il s'agissait encore plus de l'esprit et du caractère de son fondateur. Nous croyons l'avoir apprécié. Cependant quelques touches manqueraient à son caractère, si nous ne nous arrêtions un instant sur ses revers.

Commencés à Moscow, ou plutôt en Espagne, ils marchèrent toujours en croissant et ne s'arrêtèrent que par l'abdication de Fontainebleau. C'est dans cet intervalle que Napoléon déploya toutes ses ressources. Jamais obstacles plus multipliés n'en commandèrent de plus extraordinaires ; jamais son génie ne lui en fournit de plus abondantes, comme de plus prodigieuses. Les Français lui sauront toujours gré d'avoir défendu pied à pied les rives de l'Elbe et du Rhin ; les hommes du métier ont depuis long-temps apprécié ces campagnes où les moyens semblaient toujours sortir des difficultés. C'est aussi avec une admiration de bonne foi qu'ils parlent de la campagne de France, véritable chef-d'œuvre de grande tactique, où tout avait été prévu, excepté les intrigues qui la contrarièrent et la trahison qui la fit avorter.

Que notre estime pour la valeur ne nous ferme pourtant pas les yeux sur les attentats du despotisme. Celui de l'empereur croissait avec ses revers, et aux déplorables suites de nos défaites, il joignait le malheur plus poignant de l'oppression. De cette époque à la fois glorieuse et lamentable, tous les ressorts de nos institutions civiles furent faussés ou s'arrêtèrent. Une seule fois les législateurs, enhardis par nos revers, essayèrent d'élever une voix que la prudence eût dû peut-être modérer presqu'en face de l'ennemi. C'est quand Napoléon était puissant et terrible qu'il eût été beau de lui dire la vérité. Ce courage n'appartint pas plus au sénat qui, devant toutes les baïonnettes de l'Europe, eut celui de prononcer inconstitutionnellement la déchéance de son souverain devenu inutile à sa fortune, et détrôné. Il faut avouer cependant que si jamais cette chancellerie impériale se rendit l'interprète de l'opinion, ce fut en cette circonstance : dans la chute d'un homme elle voyait le salut de tous, et dans le retour des Bourbons elle saluait l'augure de la paix.

Ier. APPENDICE AU CHAPITRE XII.

DOCUMENS *(attribués à Napoléon)*.

Conduite de l'Autriche en 1813.
Congrès de Prague, de Francfort et de Châtillon.
Situation des armées françaises en Saxe.
Trahison des Bavarois et des Saxons.

————

« Les victoires de Lutzen et de Wurchen, le 2 et le 21 mai 1813, avaient rétabli la réputation des armées françaises. Le roi de Saxe avait été ramené triomphant dans sa capitale; l'ennemi avait été chassé d'Hambourg; un des corps de la grande armée était aux portes de Berlin, et le quartier impérial était à Breslau. Les armées russes et prussiennes découragées, n'avaient plus d'autre parti que de repasser la Vistule, quand l'Autriche, intervenant dans les affaires, conseilla à la France de signer une suspension d'armes. L'empereur retourna à Dresde, celui d'Autriche quitta Vienne et se rendit en Bohême, celui de Russie et le roi de Prusse s'établirent à Swednitz. Les pourparlers commencèrent; le comte de Metternich proposa le congrès de Prague; il fut accepté; ce n'était qu'un simulacre. La cour de Vienne avait déjà

pris des engagemens avec la Russie et la Prusse ;
elle allait se déclarer au mois de mai, lorsque les
succès inattendus de l'armée française l'obligèrent
à marcher avec plus de prudence. Quelques efforts
qu'elle eût fait, son armée était encore peu nom-
breuse, mal organisée et peu en état d'entrer en
campagne. Le comte de Metternich demanda les
provinces Illyriennes, la moitié du royaume d'Italie,
c'est-à-dire Venise jusqu'au Mincio, la Pologne et la
renonciation de l'empereur au protectorat de l'Allemagne et aux départemens de la 52e. division
militaire. Ces conditions excessives n'étaient mises
en avant que pour être refusées. Le duc de Vicence
se rendit à Prague. Le choix du plénipotentiaire
russe, le baron d'Anstetten, fit entrevoir que ce
n'était point la paix que voulait la Russie, mais
donner le temps à l'Autriche de terminer ses préparatifs militaires. En effet, le mauvais augure
qu'on avait tiré du choix de ce négociateur se
confirma ; il ne voulut entrer dans aucune conférence, et l'Autriche, qui s'était prétendu médiatrice, déclara son adhésion à la coalition quand son
armée fut prête, sans même avoir exigé l'ouverture d'une seule séance, ou rédigé un seul proto-
cole. Ce système de mauvaise foi et de contradic-
tions perpétuelles entre les actions, les paroles et
les actes publics, fut constamment suivi par la cour
de Vienne à cette époque. La guerre recommença,

La victoire éclatante remportée par l'empereur, à
Dresde, le 27 août 1813, sur l'armée commandée
par les trois souverains, fut suivie par les désastres
que les fausses manœuvres de Macdonald en Silésie
firent éprouver à son armée et par la perte de
Vandame en Bohême. Cependant la supériorité
restant encore du côté de l'armée française qui
s'appuyait aux places de Torgau, Wittemberg et
Magdebourg. Le Danemarck avait conclu un traité
d'alliance offensive et défensive, et son contingent
augmentait l'armée d'Hambourg. En octobre,
l'empereur quittait Dresde pour se porter sur Magdebourg par la rive gauche de l'Elbe, afin de
tromper l'ennemi. Son projet était de repasser
l'Elbe à Wittemberg et de marcher sur Berlin.
Plusieurs corps de l'armée étaient déjà arrivés à
Wittemberg, et les ponts de l'ennemi à Dessau
avaient été détruits, lorsqu'une lettre du roi de
Wirtemberg annonça que le roi de Bavière avait
subitement changé de parti, et que sans déclaration de guerre et avertissement préalable, les deux
armées autrichienne et bavaroise, cantonnées sur
les bords de l'Inn, s'étaient réunies en un seul
camp; que ces 80,000 hommes, sous les ordres
du général de Wrède, marchaient sur le Rhin;
que lui, contraint par la force de cette armée,
était obligé d'y joindre son contingent, et qu'il
fallait s'attendre que bientôt 100,000 hommes

cerneraient Mayence ; que les Bavarois avaient fait leur cause de celle de l'Autriche. A cette nouvelle inattendue, l'empereur crut devoir changer le plan de campagne qu'il avait médité depuis deux mois, pour lequel on avait disposé les forteresses et les magasins et qui était de jeter les alliés entre l'Elbe et la Saale, et sous la protection des places et magasins de Torgau, Wittemberg, Magdebourg et Hambourg, établir la guerre entre l'Elbe et l'Oder (l'armée française possédait sur cette rivière les places de Glogau, Custrin et Stettin), et selon les circonstances débloquer les places de la Vistule Dantzick, Thorn et Mudlin. Il y avait à espérer un tel succès de ce vaste plan, que la coalition en eut été désorganisée et tous les princes de l'Allemagne confirmés dans leurs fidélité et dans l'alliance de la France. On espérait que la Bavière tarderait quinze jours à changer de parti, et alors on était assuré qu'elle n'en aurait pas changé.

» Les armées se rencontrèrent sur les champs de bataille de Leipsick, le 16 octobre. L'armée française fut victorieuse ; l'armée autrichienne battue et chassée de toutes ses positions ; l'un des généraux commandant un des corps, le comte de Meerfeld, fut fait prisonnier. Le 18, malgré l'échec éprouvé le 16 par le duc de Raguse, la victoire était encore aux Français, lorsque l'armée saxonne toute entière, ayant une batterie de

soixante bouches à feu , occupant une des positions
les plus importantes de la ligne , passa à l'ennemi
et tourna ses canons contre la ligne française. Une
trahison aussi inouie devait entraîner la ruine de
l'armée et donner aux alliés tous les honneurs de
la journée. L'empereur accourut en toute hâte avec
la moitié de sa garde , repoussa , chassa de leurs
positions les Saxons et les Suédois. La journée du
18 se termina , l'ennemi fit un mouvement retro-
grade sur toute la ligne et prit ses bivouacs en arrière du champ de bataille qui resta aux Français.
Dans la nuit l'armée française commença un mouvement pour se placer derrière l'Ister et se trouver
en communication directe avec Erfurth , d'où elle
attendait des convois de munitions dont elle avait
besoin. Elle avait tiré plus de 150,000 coups de
canon dans les journées du 16 et du 18. La trahison
de plusieurs corps allemands de la confédération ,
entraînés par l'exemple donné la veille par les
Saxons , l'accident du pont de Leipsick qui sauta
à contre-temps , firent que l'armée , quoique victorieuse , éprouva par ces funestes événemens les
pertes résultant ordinairement des journées les plus
désastreuses. Elle repassa la Saale au pont de
Wessenfeld ; elle devait s'y rallier , y attendre et
recevoir des munitions d'Erfurth qui en était abon-
damment approvisonnées , lorsqu'on eut des nouvelles de l'armée austro-bavaroise. Elle avait fait

des marches forcées; elle était arrivée sur le Mein;
il fallut donc marcher à elle. Le 5o octobre, l'armée française la rencontra rangée en bataille en
avant de Hanau, interceptant le chemin de Francfort. Quoique forte et occupant de belles positions
elle fut culbutée, mise en déroute complète, chassée
de Hanau qu'occupa le comte Bertrand. Le général
de Wrède fut blessé. L'armée française continua
son mouvement de retraite derrière le Rhin et
repassa le fleuve le 2 novembre. Des pourparlers
eurent lieu; le baron de Saint-Aignan fut à
Francfort; il eut des conférences avec les comtes
de Metternich et de Nesselrode et lord Aber-
deen, et arriva à Paris, porteur de paroles de
paix sur les bases suivantes : Que l'empereur re-
noncerait au Protectorat de la Confédération du
Rhin, à la Pologne et aux départemens de l'Elbe;
mais que la France resterait entière dans ses limites
des Alpes et du Rhin, la Hollande y compris, et
qu'on discuterait une frontière en Italie, qui devrait séparer la France des états de la maison d'Autriche. L'empereur adhéra à ces bases; mais le
congrès de Francfort était une ruse mise en avant,
comme le congrès de Prague, dans l'espoir que la
France refuserait. On voulait avoir un nouveau
prétexte de manifeste pour travailler l'esprit public;
car au moment où ces propositions conciliatrices
étaient faites, l'armée alliée violait la neutralité

des Cantons et entrait en Suisse. Cependant les alliés firent connaître enfin leur véritable intention: ils désignèrent Châtillon-sur-Seine , en Bourgogne, pour le lieu de la tenue du congrès. Les batailles de Champ Aubert , de Montmirail et de Montereau , détruisirent les armées de Blücher et de Witgenstein : on ne négocia pas à Chatillon ; les puissances coalisées y présentèrent un *ultimatum* dont les conditions étaient : 1°. l'abandon de l'Italie , de la Belgique , de la Hollande et des départemens du Rhin ; 2°. l'obligation pour la France de rentrer dans les limites qu'elle avait avant 1792. L'empereur rejeta cet *ultimatum* ; il consentit à faire aux circonstances le sacrifice de la Hollande et de l'Italie , mais se refusa à abandonner les limites des Alpes et du Rhin , la Belgique et spécialement Anvers.....

2ᵉ. APPENDICE AU CHAPITRE XII.

Nota. — Après trois semaines de négociations, dont la marche
variait comme les succès ou les revers de nos armes, le congrès
de Châtillon, averti par les triomphes de Montmirail et de
Champ-Aubert, allait enfin signer la paix, pour laquelle
M. le duc de Vicence avait de pleins pouvoirs. Sur ces entre-
faites, l'empereur d'Autriche écrivit à l'empereur Napoléon,
qui lui répondit par la lettre suivante.

———

« Monsieur mon frère et beau-père, j'ai reçu
la lettre privée que votre majesté impériale et
royale m'a fait l'honneur de m'écrire. *Elle ne m'est
parvenue que quatorze jours après sa date;* c'est
la seule raison qui m'ait empêché de répondre plutôt
aux attentions amicales de votre majesté : je n'aurais pas négligé une occasion d'entrer franchement
en explication avec elle.

» Deux raisons ont sans doute déterminé votre
majesté à m'adresser cette lettre; la première est
l'attachement qu'elle doit porter à l'impératrice, sa
fille, dont la gloire et le bonheur sont à jamais liés
à ma destinée; la seconde est la raison politique.
Vous avez sagement jugé que la tranquillité de
l'Europe, et la sûreté intérieure de l'Allemagne,

sont intimement liés au maintien de l'ordre monarchique, que j'ai consolidé en France ; tous projets
de partage de ce vaste pays sont inéxecutables. La
France deviendrait le tombeau de qui oserait le
tenter.

» Depuis vingt ans je fais la guerre, et depuis
dix je n'ai cessé de desirer la paix. J'ai senti qu'elle
était nécessaire à la conservation de l'ordre rétabli
dans l'empire français. L'attitude et les démarches de
l'Angleterre, ont toujours éloigné ce moment désiré.
Les succès inespérés qu'ont obtenu mes armes, ont
agrandi les projets que j'avais conçu pour donner
de la stabilité à l'état politique de l'Europe, et pour
assurer aux peuples les avantages d'une longue
paix. Ces projets peuvent-être regardés comme gigantesques, parce qu'ils ont manqué ; mais si l'on
considère le point où j'étais arrivé, l'on jugera que
leur éxecution n'était point une vaine chimère. Aujourd'hui il est impossible d'y revenir, et les mouvemens de la politique porteront bien plutôt les
peuples de l'Orient vers l'Occident, que les Français en Prusse ou en Pologne. Quelques soient les
événemens de la guerre actuelle, qui va bientôt
finir, les Français n'auront plus à s'occuper que
des moyens de pourvoir à leur propre conservation.
L'Allemagne rendue toute à son indépendance,
n'aura qu'à veiller elle-même à sa sûreté.

» Aucun prince plus que moi n'est disposé à

Tome II.   3

vouloir la paix. Vos armées étaient encore au-delà
du Rhin, que j'avais su me résoudre à tous les sacrifices qu'exigeaient ma position. On demandait
pour l'empire Français les limites que lui donnait
la paix d'Amiens; bien plus, je consentais à conserver pour frontières celles qui appartenaient à
la république française, lors de mon avènement
au consulat. Si l'Angleterre avait agi avec bonne
foi, elle n'aurait point fait refuser les propositions
qu'elle avait acceptées il y a quinze ans. Un jour,
peut-être, elle se repentira des maux qui seront la
suite d'une guerre qu'elle aura impolitiquement
prolongée.

» Depuis l'envahissement d'une partie de la
France, j'ai donné toute la latitude possible à M. le
duc de Vicence. Il ne rejettera que des conditions
qui tendraient au morcellement de la France, ou
à l'avilissement que des peuples comme les miens ne
sauraient supporter.

» Je désire que votre majesté remarque quelle
modération je mets à mes vœux, et qu'elle en tire
la preuve de l'intention où je suis de faire solidement la paix.

» Les chances de la guerre me sont favorables;
je viens de gagner plusieurs batailles qui, d'après
les règles ordinaires de la guerre, auraient du décider dans vos armées des mouvemens rétrogrades.
Votre majesté ne peut se dissimuler que les forces

de la coalition sont compromises, et qu'elles se trouvent dans une position très-périlleuse. Mes troupes sont encore remplies d'enthousiasme ; et si, pour le repos des Français, je ne devais désirer la paix, les raisons politiques m'induiraient à continuer la guerre. Je fais taire les raisons politiques ; aujourd'hui même, je donne ordre à M. le duc de Vicence de presser les négociations, mais de suivre les formes diplomatiques reçues dans tous les temps.

» Je ne m'aveugle point sur la position de la France. Le peuple souffre, le peuple veut la paix. Mes généraux se fatiguent, peut-être les liens de la fidélité se relâchent ; mais les résultats de cette campagne ne peuvent se faire long-temps attendre : les Français auraient bien perdu leur noble caractère, s'ils ne pouvaient combattre quinze jours encore pour leur honneur et leur indépendance.

» La fortune peut trahir toutes mes espérances, elle peut me forcer à de grands sacrifices ; le seul qu'elle ne saurait obtenir, serait les conditions secrètes ou ostensibles qui dégraderaient et la France et le prince qui aurait eu le lâche égoïsme de les accepter.

» Les puissances avec lesquelles je suis en guerre, ont repoussé, je le sais, des propositions coupables qui leur ont été faites de troubler l'ordre monarchique établi en France ; par le fait, ne serait-ce point le renverser que conspirer ma perte? lorsque je succédai à la république mourante, je fis le serment de sacrifier ma vie entière au bonheur des Français. Si je ne puis le tenir aujourd'hui ce serment, et que des princes plus heureux puissent donner à l'Europe des gages qu'elle ne voudrait pas recevoir de moi, je préfère descendre du trône sans souillure, à le conserver dans mes seuls intérêts.

» En laissant avilir les Français, je ne pourrais les gouverner; les révolutions reprendraient la place de l'ordre, et l'état social serait remis en question.

» Je remercie votre majesté impériale et royale des paroles obligeantes qu'elle a bien voulu m'adresser; je lui répète et du plus profond de mon cœur : je veux la paix; je la veux aux conditions consenties au congrès; je donne ordre au duc de Vicence de la signer. Il ne doit rejeter que des articles de forme qu'il importe peu au droit public de conserver. Que votre majesté soit persuadée que mes succès n'ont rien changé aux déterminations que j'avais prises.

» Cette lettre n'étant à d'autre fin, etc. »

LIVRE CINQUIÈME.

CAUSES DE LA GRANDEUR ET DE LA DÉCADENCE DE L'EMPIRE.

CHAPITRE UNIQUE.

MONTESQUIEU a fait des causes de la grandeur et de la décadence des Romains, l'objet de son plus bel ouvrage ; il y a aussi un grand et bel ouvrage à faire sur les causes de la grandeur rapide, et de la chute plus prompte encore de l'empire français : je dis de la chute, car un tel collosse n'a point eu de décadence, il ne pouvait en avoir. Grandi comme un géant, avec son auteur, il est tombé avec lui ; il est tombé, mais il n'est pas mort : ses débris couvrent encore l'Europe, et ce sont eux que la France ramasse pour construire l'édifice qui doit l'abriter des révolutions. Le passage de Napoléon, comme celui de la foudre, ne s'effacera jamais.

Je vais parcourir, à la pointe de la plume, quelques causes de sa ruine mémorable : la plupart sont liées avec son accroissement ; quelques-unes mêmes leur sont identiques. Je ne mettrai aucun ordre dans l'arrangement de ces idées, parce qu'en effet ce ne sont que des idées. Il en est d'elles comme du reste de l'ouvrage : ce sont des études dont par la suite on pourra faire un tableau complet. Le moment est favorable pour l'essayer ; il ne le serait pas pour le peindre.

1. —Tout ce livre n'étant guerre qu'une analyse du caractère de Bonaparte, ce serait se répéter que de le décrire encore. C'est dans les beaux développemens de son caractère qu'il faut chercher la première cause de sa fortune ; c'est dans l'exagération de ces développemens qu'on trouvera celle de sa perte. Toutefois, il faut remarquer, que rarement Bonaparte a été prodigue de ces développemens, quand il a été heureux ; il en fut trop souvent sobre dans ses revers, et cette sobriété a prolongé les revers même. Quand le sénat lui vota une statue et le nomma *Grand*, je me dis : pour avoir fait de grandes choses, est-il bien sûr qu'il soit grand ? et pour le juger, ne faudrait-il pas qu'il fut malheureux ?

2. — Rien ne servit mieux l'ambition de Bonaparte que l'orgueil naissant de ses compagnons militaires, et la cupidité affamée de ses agens civils ; mais rien aussi ne pouvait la trahir davantage que ce même orgueil satisfait. Tel qui, pour gagner une

épaulette de sous-lieutenant avait bravé mille morts,
n'a fait que des faux pas, je dirais même des lâche-
tés, quand il a fallu sauver l'empire dont il était
dignitaire. C'est que la crainte de perdre son duché
lui ôtait les moyens de le conserver. Les héros
de l'état civil ont été plus courageux. Hormis
un nombre facile à compter, tous sont restés fidèles.
C'est que le demeurer à Bonaparte, c'était l'être
aux sacs d'écus. Il n'en faut pas conclure que ceux
qui ont cessé de le servir aient été plus délicats. Il y
a un homme qui pendant quatorze ans l'a servi à
genoux ; mais comme dans cette posture il l'avait vu
de près, il a pu saisir dans lui certains côtés fai-
blies par lesquels le héros n'était plus héros. Qu'à
fait l'observateur ? il avait vendu un beau nom pour
une principauté : au déclin de Bonaparte, il le ven-
dit lui-même pour une place de domestique. Il est
vrai que ce domestique suit son maitre partout et
que ses gages sont magnifiques.

3. La conscription n'a pas été une des causes
éloignées, mais l'instrument le plus prochain de
l'ambition de Bonaparte et de l'agrandissement de
l'empire ; mais je ne crois pas qu'elle ait contribué
à leur chûte, même dans l'opinion. C'est un superbe
texte aux commentaires économiques et aux déclamations poétiques, que la loi, et surtout que l'exécution de la conscription. Des villageois adoles-
cens arrachés au giron de leur mère et, encore

en *roulière* et en bonnet de laine, attelés au canon; de jeunes époux quittant en pleurant la couche nuptiale qu'ils ne doivent plus revoir : voilà des tableaux attendrissans, qu'un pinceau suave, mais passionné, a présenté à la France émue. Ils ont réussi, grâce à l'à-propos. Tracé la veille, il était trop-tôt; produits le lendemain, c'était trop tard. De la région fantastique où il est si facile au talent de monter les imaginations françaises, nous étions redescendus dans le domaine réel. Or, que dit la réalité? Que dans l'état actuel de l'Europe, sans armée permanente, il n'y a point d'indépendance nationale, et partant point de liberté. Celle des Français a pu, dans les derniers temps, être compromise, non par la conscription, mais par ses excès; il en était de même de la sécurité des familles. En 1813, elles frémissaient toutes à ce nom abhoré. Mais que prouve l'abus contre la chose? Avant cet époque, la conscription, motif peut-être de chagrins individuels et passagers, était regardée comme un tribut patriotique qui, quoiqu'on ait dit, ne rappellait en rien *la milice*, coutume baroque et féodale. Des pleurs coulaient des yeux des mères et des amantes, je le veux; peut-être quelquefois des yeux de l'amant et du fils; mais, lors qu'après six mois, il avait respiré la vaillance avec l'odeur de la poudre; lors qu'après deux ans de bravoure journalière et une action d'éclat, il voyait rayonner sur sa poitrine l'Étoile de l'Honneur, d'autres sentimens avaient passé dans son âme, et se croyant déjà un héros, il était prêt à le devenir. Avec un bout de ruban, et trois lignes dans le Bulletin, Bonaparte a mené notre patriotique vanité, du Tage à la Moskowa, et de Stralsund à Rome.

4. — Le partage des communes et le morcellement des propriétés, par l'aliénation des domaines nationaux, ont fait passer les paysans de la classe souffrante et humiliée dans les classes jouissantes, mais jouissantes avec plus de bon sens que de vanité, c'est-à-dire en recevant le plaisir comme récompense du travail. Voilà, je crois, le bonheur. Ce bonheur, la révolution l'avait donné, mais en menaçant de le reprendre ; l'empire seul l'avait garanti. Cela explique le penchant invincible des campagnes pour le système impérial. Cela explique comment ce penchant survit à son objet : il était une des causes de sa solidité, il est une de celles qu'éprouve le système contraire. Voulez-vous que celui-ci remplace l'autre, sans le faire regretter ? Ménagez les opinions du paysan, c'est-à-dire, n'inquiétez pas ses intérêts.

5. — Ces intérêts, nouvellement entrés dans cette classe, avaient été renouvellés dans toutes, et avec eux les sentimens, les opinions et les idées. Toute cette agitation a du charme pour la vivacité française ; tous les changemens qu'elle amène con-

viennent à notre curiosité. Sans prétendre dégrader les affections sublimes, on peut croire qu'elles auraient eu moins de cours parmi nous, sans les nouveautés qui en sont la suite. C'est ainsi que la république a été accueillie avec enthousiasme, et peut-être abandonnée par satiété. C'est encore ainsi que l'empire nous avait apparu avec tout l'attrait de l'innovation. Et comme les hommes mêlés aux choses et les institutions succédant aux événemens, prolongeaient, sous la main de Bonaparte, cet attrait à l'infini, si cet attrait n'a pas été la cause déterminative de la grandeur de l'empire, il a du-moins servi de véhicule à son aggrandissement.

6. — Pour gouverner les corps, sachez les occuper ; pour diriger les âmes, emparez vous des esprits. C'est à quoi ne manqua jamais Bonaparte qui, dans le nombre immense des constructions élevées dans tout l'empire, offrait des distractions intéressées aux classes travaillantes, et de chaque ouvrier, s'était fait un partisan.

7. — Paris, toujours nuisible à la France, si on le considère économiquement, mais dont l'exhubérance, comme celle d'une tête rachitique, était la conséquence d'un gouvernement absolu ; Paris a singulièrement nui à l'empire dont il influençait trop l'esprit, dont il engloutissait les ressources. Cette double absorption avait concentré la France dans Paris où il y avait tant d'institutions capitales

qu'il semblait n'exister dans le reste de l'empire que des raccourcis. Ce système, au surplus, convenait à merveille au caractère positif dont la tendance allait toujours à se mettre au centre. Je ne sais s'il convient autant au génie fondateur qui doit distribuer les parties de son plan et répartir les bases de ses fondations.

8. — Les suites de ce système ont dû être, ont été de condenser tous les pouvoirs dans le conseil d'état. C'est que dans cette situation, l'empereur les avait sous la main et en disposait. Mais le conseil, qui les réunissait, ne pouvait en répartir l'exercice selon les besoins ; mais l'empereur qui y puisait à pleine coupe, s'en ennivrait d'abord, et les négligeait ensuite. Delà des excès ou des lacunes, surabondance ou disette. Ceux qui gouvernent, trouvent que tout va admirablement, lorsque rien ne résiste ; avec moins de cette personnalité qui ôte le goût du sens commun, ils gémiraient de cette facilité, ils s'en inquiéteraient vivement, ils y découvriraient des symptômes de mort. Les hommes usufruitiers d'une autorité passagère, cèdent afin de la conserver ; les institutions permanentes seules opposent de la résistance. Mais alors ce qui résiste, appuie.

9. — Je réunirai comme en deux grouppes, mais seulement en les indiquant, la plupart des causes qui ont concouru à la grandeur de l'em-

pire français ; puis quelques unes de celles qui, selon moi, ont travaillé de loin ou de près, directement ou indirectement, à sa décadence, ou pour parler avec plus de précision, à sa chute.

Parmi les premières, il faut compter :

La lassitude, le dégoût, l'horreur même de la licence ; le besoin de centralité, dans les gouvernés, l'énergie de volonté et l'unité d'action dans le gouvernant ;

Le double besoin du mouvement et du repos dans toutes les classes de la société : du mouvement moral et de la circulation intellectuelle ; du repos politique qui fait jouir de l'un et de l'autre ;

L'énergie intérieure envoyée du centre qu'elle dévorait aux extrémités qu'elle vivifia ; l'ardeur de la liberté trompé par l'enthousiasme de la gloire ;

Devant la loi sévère, immuable, inflexible, égalité d'avantage et égale répartition d'inconvéniens ;

Toutes les portes extérieures fermées à l'industrie et au commerce étranger ; tous les débouchés du dedans ouverts à l'industrie et au commerce nationaux ;

La prééminence toujours croissante de la grande tactique et de la stratégie moderne ;

La division jamais interrompue des propriétés : d'où la petite culture, c'est-à-dire l'exploitation radicale du sol jusqu'alors ménagé ; ce qui n'exclus pas les essais agronomiques tentés par la grande culture.

J'ai déjà fait remarquer l'influence des budjets sur la matière financière et celle du cadastre sur l'exploitation territoriale.

L'exhubérance sans cesse progressive de la population, d'où, d'une part, la prospérité de l'agriculture et de l'industrie, et de l'autre, la facilité, la nécessité même des conscriptions : ressort que l'on força vers la fin, mais qui d'abord dilaté contre l'Europe l'a subjuguée à l'empire.

Alors la France vécut, s'habilla, combattit aux dépends de l'Europe ; alors aussi tout équilibre politique fut rompu ; et la prépondérance exhorbitante d'une puissance, devenue l'unique, décida la réaction de toutes.

L'empire, outre ses formes politiques, reçut des appendices qui rappelaient, mais sans les ressusciter, les dépendances féodales : de ces dépendances antiques, les établissemens modernes avaient la sujétion et le retour à la couronne, mais sans redevances, sans priviléges et sans servilité.

La création de pensions nombreuses, de secours aux veuves et aux orphelins ; celles des dotations, des titres et des décorations : la Légion-d'Honneur, récompense des belles actions en a fait faire par milliers.

La plupart des paix n'étaient que des trêves : on profitait de ces suspensions pour refaire les armées, et dans les facilités accordées par un ennemi lassé, mais non vaincu, on trouvait des moyens pour achever de le vaincre.

En forçant l'ennemi défait à nous servir d'auxiliaire, on avait trois avantages : l'ôter à lui-même, l'ôter à l'ennemi auquel il se serait naturellement allié, nous en emparer. Voilà ce que j'ai appelé plusieurs fois changer les obstacles en moyens.

L'érection des électorats en royaumes et des margraviats en duchés a flatté l'orgueil, et par le renflement de la puissance morale, a véritablement augmenté l'autorité politique. Ces déterminations suzeraines avaient en outre l'avantage de faire sentir aux princes, qui en étaient les objets, leur dépendance, et à ceux dont elles excitaient l'envie, leur néant.

La puissance positive et la puissance négative de Napoléon ont été si fécondes, que tout ce qui existe de monarchies, de principautés, de rois et de princes en Europe est son ouvrage : il les a faits, ou les a permis, ou les a soufferts. Un traité a rendu la péninsule au roi d'Espagne ; un autre ses états au pape. C'est à son imitation qu'Alexandre, instruit par ses fautes, s'est fait roi de Pologne ; et c'est pour ne pas baisser nominalement que François II, dépouillé de la couronne olygarchique d'Allemagne , s'est déclaré empereur d'Autriche.

Ce que les batailles semblaient avoir décidé était souvent remis en question par les traités ; c'est alors qu'une nouvelle bataille déchirait les traités, et que la diplomatie, violentée par la guerre , concourait avec elle à un double envahissement.

Peut-être est-ce sans chagrin que Napoléon vit insulter les envoyés français. Louis XIV pensait de même , et des esprits superbes comme ceux de ces conquérans, ne haïssent pas qu'une offense leur fournisse un prétexte et l'occasion de l'exercer. Les plénipotentiaires massacrés à Rastadt , et Berna-dotte outragé à Vienne , furent deux fois vengés par la double prise de cette ville : c'est en procla-mant la république romaine que Berthier répara l'insulte fait à Joseph Bonaparte et le meurtre de Duphot ; et c'est en confisquant Venise que nous punîmes celui de nos prisonniers à Véronne.

Comme les sauterelles qui font disparaître la verdure partout où elles se posent, les Français vainqueurs ou seulement passagers, fesaient dispa-raître partout les finances et les ressources locales. Ce sont d'infaillibles moyens de compléter la vic-toire , mais aussi de commencer un genre de réac-tion qui , pour ne couver d'abord que dans des cœurs ulcérés, n'en devient que plus dangereux par la fermentation , que plus terrible dans son éclat.

Les Romains vainqueurs adoptaient les dieux des nations vaincues , et plaçant ceux-ci dans leur Panthéon , ils achevaient de soumettre par l'opinion ceux que les armes avaient subjugués ; c'est en fesant adopter nos lois , que nous avons fortifié l'une par l'autre cette puissance et cet influence. Les baïonnettes françaises ne brillent plus autour des palais de Naples , de Rome , de Milan , de Munich , de Varsovie ; les lois françaises régnent encore dans l'intérieur.

La langue française, propagée par nos grands écrivains , du Pôle à l'Equateur , a servi comme de conducteur électrique , d'abord à la révolution , puis au système impérial qu'on en put croire le complément. La langue française est un instrument multiple, dont chaque personne un peu instruite en Europe, possède un exemplaire : avec cet instrument , la révolution qui a commencé à opérer sur les gouvernés, est montée aux gouvernans , lorsqu'avec la dalmatique impériale de Charlemagne , elle a saisi son épée.

Les alliances de famille ont eu l'air de reconsolider ce que les ruptures de gouvernemens avaient désuni. Il y a loin de Bonaparte trop heureux d'épouser une femme aimable , mais sans fortune , à Napoléon offrant pour dot , à une archiduchesse d'Autriche , les couronnes de France et d'Italie. A l'exemple de l'empereur d'Autriche , quatre à cinq souverains se dérangèrent de leurs trônes pour y assoir des Bonaparte. Un Bourbon même, le roi actuel d'Espagne, brigua l'honneur de leur alliance, et ce qui passe toute vraisemblance, il sollicita pour l'obtenir, l'entremise de l'*Intrus* qui l'avait détrôné. Si l'on juge par ses démarches de la puissance de Napoléon, elle n'était pas médiocre. Cependant, c'est de cette époque qu'en date la décadence. Mais à la cause indiquée ici, il faut joindre des motifs multipliés, dont nous allons toucher quelques-uns.

10.— On voit que je mets au nombre de ces motifs la fierté outragée et la peur revenue de ses chaudes alarmes. A l'orgueil d'un empereur romain blessé d'avoir mis la main de sa fille dans celle d'un soldat usurpateur, répondit la vanité des marquis français piqués de peupler l'antichambre d'un corse avanturier. De tous les auxiliaires des Bourbons, si ceux-ci n'ont pas été les plus recommandables, ils se sont du moins montré les plus actifs. L'amour-propre humilié ne pardonne que quand il ne peut se venger.

Ces codes dont nous venons de parler, et qui achevaient de faire la loi aux vaincus, en même-temps qu'ils les contenaient, les irritaient. On cède sans honte à la force, comme on fléchit sous un poids trop lourd ; mais quand l'ignorance, les préjugés se voient contraints de reculer devant la

raison, ce n'est ni sans murmures, ni sans regrets,
ni sans projets de ressaisir l'empire qu'elle leur a
arraché. Ainsi firent l'Allemagne et l'Italie que
nous avions couchées dans leur poussière féodale
et qui s'en relevèrent quand elles le purent, pour
insulter au vainqueur quand il cessa de l'être.

L'affaiblissement de l'empire date, au gré de
l'observateur et selon son point de vue, des affaires
d'Espagne, du second mariage de Napoléon, de la
campagne de Russie. On eût dit que l'aigle française, accoutumée à porter la foudre dans sa serre
et la victoire sur son aile, avait subi l'influence d'un
froid de vingt-huit dégrés. Depuis la bataille de la
Moscskowa en effet, nos destins furent alternati-
vement ballotés, et ne présentèrent qu'une succession étrangement bigarrée de succès et de revers.
Au bruit de ceux-ci, l'étonnement des peuples
précéda la joie des partis; mais enfin ces derniers
enhardis recommencèrent à se montrer. Delà des
réactions ébauchées, une contre-révolution morale, qui épièrent la minute de passer des théories
frondeuses à la pratique des vengeances.

Sans le savoir, certains philosophes servaient ces
funestes projets. C'était ces rêveurs de doctrines,
et qui se croient des hommes à principes, lorsqu'ils
ont analysé, distingué, disséqué. Depuis quinze
ans ils fesaient la guerre à l'empereur, qui quelquefois avait eu la faiblesse de leur donner quelqu'im-

portance, en les combattant. Cette importance, ils l'avaient perdue, depuis qu'occupé d'ennemis agissans, Napoléon négligeait les parleurs; lorsque ses revers commencèrent, ils crurent la reprendre en parlant davantage; et en effet, cette fois d'accord avec l'opinion publique mécontente, ils lui donnèrent un signal qui fut accueilli.

Résumons par quelques indications capitales les autres causes de la double chûte de ce prince et de son empire:

Dans l'administration, une tendance chaque jour plus marquée à l'empiétement sur toutes espèces d'autorité, afin d'augmenter la sienne à leurs dépens, ce qui conduisait à leur envahissement total et à l'usurpation de l'action sur leurs débris.

Dans la magistrature, une servilité morale, quelque fois même une sorte de cécité de commande, d'où résultait le dédain, l'oubli ou l'interprétation des lois, contre le peuple et en faveur du pouvoir.

Dans la nouvelle noblesse, une insolence grossière et un faste insultant; dans la noblesse ancienne, une jalousie dissimulée par le mépris, et des regrets féodaux, exagérant l'amour de l'égalité.

Dans le clergé, une haine profonde contre un régime, dont la stabilité défendait l'espérance d'un régime différent : des allusions outrageantes dans la chaire , des insinuations atroces dans le confessionnal ; aux pieds des autels , des paroles de paix , des sermens de fidélité et des chants de bénédiction.

Dans l'armée , l'orgueil de la victoire , mais aussi ses excès ; l'exigeance des camps transportée dans le commerce usuel , et jusques sur les foyers domestiques. Un soldat dans sa commune , se croyait en pays conquis ; traitait sa maîtresse comme une proie , et son père avec moins de respect que son caporal.

Ces levains mélangés fermentaient dans la masse , et la disposaient à de nouvelles émotions.

Il y avait au milieu d'elle , et née de son sein , une opposition négative , mais réelle ; silencieuse , mais ardente , dont l'un des foyers était dans le sénat , et l'autre dans l'armée. A cette opposition se ralliaient des sénateurs , dont le nombre n'a jamais passé *Quatorze* , dignes par leur indépendance courageuse , de la reconnaissance de la patrie , et des hommages de la postérité ; s'y étaient également réunies ces sociétés secrètes , ces brûlans *Philadelphes* , dont Moreau et Oudet fûrent les fondateurs , et dont Mallet essaya d'accomplir les desseins. Autour de ces deux phalanges , on voyait se groupper , à des intervalles divers et selon l'occurrence , des mécontens de partis, de couleurs, d'intérêts et de buts différens. Durant les dernières années de l'empire, qu'on peut appeler des convulsions, tantôt les républicains purs, quelquefois les démagogues, plus souvent les royalistes amorçaient les esprits, tentaient les affections, promettaient tout aux intérêts. Chose remarquable ! les femmes, qui chérissent la gloire, mais qui détestent une cour militaire, où il n'y a nul terrain pour les combats de la coquetterie, les femmes, indépendamment de toute opinion personnelle, secondaient tour à tour ou tous à la fois les partis opposans.

Les choses en étaient là, lorsque Moreau, réagissant de son exil, accourut rapporter contre Napoléon (je veux croire que ce ne fut pas contre la France) la vengeance de sa proscription. Le nouveau Coriolan périt, mais non son génie, devant lequel, pour cette fois, recula son adversaire. Cependant deux de ses lieutenans, que celui-ci avait fait rois, Bernadotte et Murat, se chargèrent d'exécuter le legs sanglant du proscrit. La postérité expliquera comment, dans l'âme des princes, même les plus nouveaux, la politique a des droits supérieurs à ceux de la reconnoissance. Quoiqu'il en soit, l'Europe se releva toute entière contre l'Homme qui avait renversé l'Europe. Et pourtant,

s'il tomba, ce ne fut pas parce que vingt puissances s'entendirent pour en attaquer une, c'est
qu'il ne put rester debout contre l'opinion qu'il
avait choquée.

———————

54 . MONARCHIE

s'il tomba, ce ne fut pas parce que vingt puissances s'entendirent pour en attaquer une, c'est
qu'il ne put rester debout contre l'opinion qu'il
avait choquée.

LIVRE SIXIÈME.

ORGANISATION DE L'EMPIRE.

PREMIÈRE PARTIE.

CONSTITUTIONS DE L'EMPIRE.

CHAPITRE Ier.

§ Ier. ACTE CONSTITUTIONNEL
du 22 *frimaire de l'an* 8 *de la république*,
(13 décembre 1799.)

Cet acte se compose de sept titres, qui se divisent
en quatre-vingt-quinze articles.

TITRE I. *De l'exercice du droit de cité.*

La république est une et indivisible, et son territoire est distribué en départemens et arrondissemens
communaux. — Tout homme né et résidant en
France, âgé de 21 ans, qui s'est fait inscrire sur
le registre civique de son arrondissement communal,
est citoyen français. — Dix années consécutives

de résidence, et la déclaration de l'intention de se fixer en France, donnent à un étranger les droits de citoyen Français. — La naturalisation en pays étranger, l'acceptation de fonctions ou de pensions d'un gouvernement étranger, l'affiliation à toute corporation étrangère qui supposerait des distinctions de naissance, la condamnation à des peines afflictives font perdre la qualité de citoyens français. — L'exercice des droits de citoyen est suspendu par l'état de débiteur failli, par l'état de domesticité à gages, et par l'état d'interdiction judiciaire, d'accusation et de contumace. — Les droits de cité s'acquièrent dans un arrondissement communal par une année de résidence et se perdent par une année d'absence. — Les cioyens de chaque arrondissement communal, forment par la voie des suffrages une liste égale au dixième de leur nombre, dans lequel les fonctionnaires publics de l'arrondissement doivent être pris. — Les citoyens compris dans ces listes communales d'un département, se réunissent, et forment parmi eux une seconde liste égale au dixième de leur nombre ; c'est dans cette seconde liste que sont choisis les fonctionnaires du département.—Enfin les citoyens compris dans cette seconde liste choisissent encore le dixième d'entre eux pour former la liste des éligibles aux fonctions publiques nationales. — On procède tous les trois ans au remplacement des membres de ces listes qui sont décédés. — Les citoyens peuvent en même temps retirer de ces listes, et remplacer les noms de ceux qu'ils ne jugent pas à propos d'y laisser. — Nul ne peut être retiré de ces listes, qu'à la majorité absolue des voix.

Titre II. *Du Sénat conservateur.*

Le sénat est composé de quatre-vingt membres, inamovibles, et à vie, âgés au moins de quarante ans. — La nomination à une place de sénateur se fait par le sénat, qui choisit entre trois candidats présentés par le corps législatif, par le tribunat, et par le premier consul. — Si les suffrages du corps législatif, du tribunat, et du premier consul, se réunissent sur le même individu, le sénat est tenu de l'admettre dans son sein. — Le premier consul devient sénateur de droit, et nécessairement à l'expiration de ses fonctions, ou lorsqu'il les cesse par démission. — Les deux autres consuls peuvent prendre place dans le sénat, durant le mois qui suit l'expiration de leurs fonctions. — Un sénateur est inéligible à toutes autres fonctions publiques. — La liste formée par les citoyens des départemens, dans laquelle on doit choisir les fonctionnaires publics, est adressée au sénat, et forme la liste nationale. — C'est sur cette liste que le sénat élit les législateurs, les tribuns, les consuls, les juges de cassation et les commissaires à la comptabilité. —

Il maintient ou annule tous les actes qui lui sont déférés, comme inconstitutionnels, par le tribunat ou par le gouvernement; les listes d'éligibles sont comprises parmi ces actes. — Les dépenses du sénat sont prises sur les revenus des domaines nationaux; chaque sénateur reçoit un traitement annuel, égal au vingtième de celui du premier consul. — Les séances du sénat ne sont pas publiques.

Titre III. *Du pouvoir législatif.*

Les lois nouvelles ne sont promulguées que quand le projet en aura été proposé par le gouvernement, communiqué au tribunat, et décrété par le corps législatif. — Les projets du gouvernement sont rédigés en articles; il peut les retirer quand il veut, et les reproduire modifiés.

Du Tribunat. Le tribunat est composé de cent membres, âgés de vingt-cinq ans au moins, qui sont renouvellés chaque année par cinquième; ils sont indéfiniment rééligibles, tant qu'ils restent sur la liste nationale. — Il discute les projets de loi et en vote l'adoption ou le rejet. — Il envoye trois orateurs choisis dans son sein au corps légatif, pour y exposer et défendre le vœu qu'il a exprimé sur le projet de loi. — Il défère au sénat, pour inconstitutionalité seulement, les listes d'éligibles, les actes du corps législatif et ceux du gouvernement. — Il exprime son vœu sur les lois faites ou à faire , sur les abus et les améliorations dans l'administration publique , mais jamais sur les affaires civiles et criminelles portées devant les tribunaux : ce vœu n'a aucune suite nécessaire, et n'oblige aucune autorité constituée à délibérer. — Quand il s'ajourne, il peut nommer une commission de dix à quinze membres , chargée de le convoquer si elle le juge convenable. — Ses séances sont publiques. — Il ne peut néanmoins y avoir plus de deux cents assistans. — Le traitement annuel d'un tribun est de 15,000.

Du Corps législatif. Trois cents membres, âgés de trente ans au moins, le composent. — Il se renouvelle par cinquième chaque année. — Il s'y trouvera toujours un citoyen au moins , de chaque département. — Un membre sortant , ne peut y rentrer qu'après un an d'intervalle , mais peut être immédiatement après sa sortie , nommé à toute autre fonction publique , même celle de tribun. — La session du corps législatif commence au premier frimaire, et dure 4 mois — Il peut être extraordinairement convoqué pendant les 8 autres. — Il fait la loi en statuant par scrutin secret et sans aucune discussion de la part de ses membres , sur les projets de loi débattus devant lui par les orateurs du tribunat et du gouvernement. — Ses séances sont publiques. — Il ne doit pas y avoir plus de deux-cents assistans. — Ses membres reçoivent un traitement de 10,000 fr.

Le premier consul doit promulguer les décrets du corps législatif le dixième jour après leur émission, à moins que dans ce délai il n'ait eu recours au sénat pour cause d'inconstitutionnalité. — Il n'a plus ce recours contre une loi promulguée.

Titre IV. *Du Gouvernement.*

Le gouvernement est confié à trois consuls nommés pour dix ans et indéfiniment rééligibles. Chacun d'eux est élu individuellement avec la qualité distinctive de Ier, IIe., ou IIIe. — Le Ier. consul promulgue les lois, nomme et révoque à volonté les membres du conseil d'état, les ministres, les ambassadeurs et autres agens extérieurs en chef; les officiers des armées de terre et de mer, les membres des administrations locales, les commissaires du gouvernement près les tribunaux. Il nomme les juges criminels et civils autres que les juges de paix et de cassation, sans pouvoir les révoquer. Dans les autres actes les deux autres consuls ont voix consultative; signent le registre de ces actes, et s'ils le veulent, y consignent leurs opinions; après quoi la décision du premier consul suffit. — Le gouvernement propose les lois, les fait exécuter, dirige les recettes et les dépenses conformément à la loi annuelle qui détermine le montant des unes et des autres, surveille la fabrication des monnaies, dont la loi seule ordonne l'émission, fixe le titre, le poids et le type. — Le gouvernement peut décerner des mandats d'amener et d'arrêt contre les personnes qu'il présume tramer des complots contre l'état ; mais si dans les dix jours qui suivent leur arrestation, elles ne sont pas ou relachées ou remises en justice réglée, il y a de la part du ministre signataire du mandat, crime de détention arbitraire. — Le gouvernement pourvoit à la sûreté intérieure et à la défense extérieure de l'état. — Il distribue les forces de terre et de mer. — La garde nationale en activité est soumise aux règlemens d'administration publique. — La garde nationale sédentaire n'est soumise qu'à la loi. — Le gouvernement entretient les relations politiques au dehors, conduit les négociations, signent les traités de paix, de commerce, etc. — Les déclarations de guerre et les traités sont proposés, discutés et décrétés comme les lois ; seulement les discussions et délibérations sur ces objets se font au tribunat et au corps législatif en comité secret. — Les articles secrets d'un traité ne peuvent être destructifs des articles patents. — *Le Conseil d'État* rédige les projets de loi et les règlemens d'administration publique ; il résout les difficultés qui s'élèvent en matière administrative : c'est parmi ces membres que sont toujours pris les trois orateurs du gouvernement chargés de porter la parole devant le corps législatif pour défendre les projets de loi.—*Les Ministres*, procurent l'exécution des lois et des règlemens d'administration publique. — Aucun acte du gouvernement ne peut avoir d'effet, s'il n'est signé par un ministre. — L'un des ministres est chargé de l'administration du trésor : il assure les recettes , fait les paiemens et ne peut rien faire payer qu'en vertu d'une loi , d'un arrêté du gouvernement et d'un mandat signé d'un ministre. — Les comptes détaillés des dépenses de chaque ministre seront rendus publics.

Titre V. *Des Tribunaux.*

Les juges de paix sont élus par les citoyens : leurs principales fonctions consistent à concilier.— En matière civile il y a des tribunaux de première instance et des tribunaux d'appel. — Une loi détermine leur organisation , leur compétence et leur ressort. En matière de délits emportant peine afflictive ou infâmante , un premier jury admet ou rejette l'accusation ; si elle est admise, un second jury reconnaît le fait ; et les juges, formant un tribunal criminel, appliquent la peine ; leur jugement est sans appel. — Il y a un accusateur public près de chaque tribunal criminel. — Il y a des tribunaux de police correctionnelle pour les délits n'emportant pas peine afflictive ou infâmante, sauf l'appel aux tribunaux criminels. — Il y a pour toute la république un tribunal de cassation; — Il ne connaît point du fond des affaires, mais examine si les formes ont été suivies. — Les juges, autres que les juges de paix, conservent leurs fonctions toute leur vie, à moins qu'ils ne soient condamnés pour forfaiture.

TITRE VI. *De la Responsabilité des Fonctionnaires publics.*

Les membres du sénat, du corps législatif et du tribunat ne sont soumis à aucune responsabilité pour l'exercice de leurs fonctions. — Les ministres sont responsables 1°. de tout acte du gouvernement signé par eux et déclaré inconstitutionnel par le sénat; 2°. de l'inexécution des lois et des réglemens d'administration publique; 3°. des ordres particuliers qu'ils ont donnés, si ces ordres sont contraires à la constitution, aux lois et aux réglemens. Dans ces trois cas le tribunat dénonce le ministre, le corps législatif délibère et une haute cour juge sans appel et sans recours en cassation.— La haute cour est composée de juges et de jurés; les juges sont choisis par le tribunal de cassation et dans son sein, et les jurés sont pris dans la liste nationale. — Les juges civils et criminels sont pour les délits relatifs à leurs fonctions, poursuivis devant les tribunaux auxquels celui de cassation les renvoie après avoir annulé leurs actes. — Les agens du gouvernement autres que les ministres ne peuvent être poursuivis pour des faits relatifs à leurs fonctions, qu'en vertu d'une décision du conseil d'état.

Titre VII. *Dispositions générales.*

La maison de tout citoyen est un asile inviolable. — On ne peut y entrer la nuit que pour incendie, innondation ou réclamation faite de l'intérieur de la maison ; on ne peut y pénétrer le jour que pour un objet spécial déterminé, ou par une loi, ou par ordre émané d'une autorité publique. — Nul ne peut être arrêté que sur un acte motivé, émané d'un fonctionnaire responsable et notifié à la personne arrêtée. — Aucun gardien ou geolier ne peut recevoir ou détenir qu'en vertu d'un mandat en règle, d'une ordonnance de prise de corps, d'un décret d'accusation ou de jugement. — Il est en outre tenu de représenter la personne détenue à l'officier ayant la police de la maison de détention, toutes les fois qu'il en sera requis. — Toute personne a le droit de pétition aux autorités constituées et spécialement au tribunat. — La force armée est essentiellement obéissante ; nul corps armé ne peut délibérer. — Il sera accordé des pensions à tous les militaires blessés à la défense de la patrie, ainsi qu'aux veuves et aux enfans des militaires morts sur le champ de bataille ou des suites de leurs blessures. Il sera décerné des récompenses à ceux qui auront rendu des services éclatans. — Un institut national est chargé de recueillir les découvertes, de perfectionner les sciences et les arts. Une commission nommée par le sénat règle et vérifie les comptes des recettes et des dépenses. — Un corps constitué ne peut prendre de délibération que dans une séance ou les deux tiers au moins de ses membres se trouvent présens. — Dans le cas de révolte à main armée ou de troubles qui menacent la sûreté de l'état, la loi peut suspendre dans les lieux, et pour le temps qu'elle détermine l'empire de la constitution. — En aucun cas la nation ne souffrira le retour des Français qui ayant abandonné leur patrie depuis le 14 juillet 1789, ne sont pas compris dans les exceptions portées aux lois rendues contre les émigrés ; les biens des émigrés sont irrévocablement acquis à la nation : les ventes légalement consommées sont irrévocables. — La présente constitution sera offerte à l'acceptation du peuple français.

Loi qui règle la manière dont la constitution sera présentée au peuple français.

Du 23 frimaire an 8, (14 décembre 1799.)

La Commission du Conseil des Anciens créée par la loi du 19 brumaire, considérant que la constitution qui doit substituer à un gouvernement provisoire un ordre de choses définitif et invariable, doit être sans délai présentée à l'acceptation des citoyens, etc. ;

Prend la résolution suivante :

Il sera ouvert dans chaque commune des registres d'acceptation et de non-acceptation : les citoyens sont appelés à y consigner ou à y faire consigner leur vote sur la constitution, etc.

Loi sur la mise en activité de la constitution.

Du 3 nivose an 8, (24 décembre 1799.)

Le sénat-conservateur et les consuls entreront en fonctions le 4 nivose an 8, (les articles suivans sont purement réglementaires.)

PROCLAMATION du résultat des votes émis par les citoyens français sur l'acte constitutionnel.

Du 18 pluviose an 8, (7 février 1800.)

Les consuls de la république, etc., proclament :

Sur trois millions douze mille cinq cent soixante-neuf votans, quinze cent soixante deux ont rejeté ;

trois millions onze mille sept ont accepté la constitution.

§ II.

CONSULAT A VIE.

Vu le procès-verbal fait par la Commission spéciale qui constate que *trois millions cinq cent soixante-dix-sept mille deux cent cinquante neuf* citoyens ont donné leurs suffrages, et que *trois millions cinq cent soixante-huit mille huit cent quatre-vingt cinq* citoyens, ont voté pour que Napoléon Bonaparte fut nommé premier consul à vie.

Considérant, etc., etc., le sénat décrète ce qui suit :

Le peuple français nomme, et le sénat proclame Napoléon Bonaparte premier consul à vie.

§ III.

MAIRES ASSISTANS AU SERMENT DU CONSUL.

Vu l'article 43 du sénatus-consulte organique de la constitution du 16 thermidor an 10, qui porte que le citoyen nommé pour succéder au premier consul, prêtera serment à la république en présence du sénat, des ministres, etc., etc. et des maires des vingt-quatre principales villes de la république.

Le sénat conservateur décrète :

Les vingt-quatre principales villes dont les maires sont présens à la prestation du serment du citoyen nommé pour succéder au premier consul, sont les villes suivantes : Paris, Lyon, Bordeaux, Marseille, Rouen, Nantes, Bruxelles, Mayence, Anvers, Liège, Lille, Toulouse, Strasbourg, Orléans, Versailles, Montpellier, Rennes, Caën, Reims, Nancy, Amiens, Genève, Dijon et Nice.

(Le nombre en a été considérablement augmenté lors des différentes réunions du territoire étranger à l'Empire.)

CHAPITRE II.

§ I.er

SÉNATUS - CONSULTE ORGANIQUE DE LA CONSTITUTION.

16 *thermidor an* 10. (4 août 1802.)

Le titre I.er. établit des assemblées de canton, des colléges électoraux d'arrondissement et des colléges électoraux de département.

Le titre II organise les assemblées de canton et détermine leurs fonctions. Elles se composent de tous les habitants du canton qui jouissent des droits de citoyen ; leur président dont les fonctions durent cinq ans, est nommé par le premier consul. Chaque assemblée désigne les citoyens parmi lesquels le premier consul choisit les juges de paix, les maires et les adjoints ; elle désigne aussi ceux qui doivent occuper les places du conseil municipal, et ceux de ses membres qui doivent faire partie des colléges électoraux d'arrondissement et de département. Le gouvernement convoque les assemblées de canton, fixe le temps de leur durée et l'objet de leur réunion.

L'organisation et les attributions des colléges électoraux forment le titre III.

Les colléges électoraux d'arrondissement ont un membre pour 500 citoyens domiciliés ; mais ne peuvent être composés de plus de 200 membres ni de moins de 120 ; le premier consul peut y ajouter dix membres pris parmi les citoyens appartenans à la légion d'honneur ou qui ont rendu des services. Ces colléges désignent les citoyens propres à remplir les places vacantes dans les conseils d'arrondissement, et à chaque réunion nomment deux citoyens pour être portés sur la liste où l'on choisit les tribuns et deux autres pour celle où l'on prend les législateurs.

Les colléges électoraux de département ont un membre pour mille citoyens domiciliés dans le département, sans que le nombre de leurs membres puisse excéder 300 ni être moins de 200. Ces membres sont pris par les assemblées de canton sur une liste des 600 citoyens les plus imposés ; le consul peut en nommer vingt, dont dix parmi les 30 plus imposés et dix parmi les citoyens appartenans à la légion d'honneur ou qui ont rendu des services. Ces colléges nomment les citoyens propres à remplir les places vacantes du conseil général du département, ceux qui doivent être portés sur la liste sur laquelle on nomme les membres du sénat et ceux qui concourent à former la candidature au corps législatif.

Les membres des colléges électoraux sont à vie; cependant on y perd sa place pour les mêmes causes qui font perdre les droits de citoyen, et lorsque sans empêchement légitime on n'a pas assisté à trois réunions successives.—Le premier consul nomme les présidens des colléges à chaque session. — On ne peut être à la fois membre d'un collége d'arrondissement et d'un collége de département. — Les législateurs et les tribuns ne peuvent assister aux séances des colléges ; tous les autres fonctionnaires ont droit d'y assister et voter. Les colléges ne s'assemblent que sur un acte de convocation émané du gouvernement, ne peuvent s'occuper que des opérations pour lesquelles ils sont convoqués, ni continuer leurs séances au-delà du terme fixé par l'acte de convocation; ils ne doivent ni directement, ni indirectement, sous aucun prétexte correspondre entre eux : s'ils sortent de ces bornes le gouvernement peut les dissoudre.

Le titre IV est intitulé : *Des Consuls.*

Les consuls sont à vie ; ils sont membres du sénat et le président. Les deuxième et troisième consuls sont nommés par le sénat sur la présentation du premier consul. Le premier consul, s'il le juge convenable, présente un citoyen pour lui succéder ; si ce citoyen est agréé par le sénat, il prête serment à la république entre les mains du premier consul et devant le sénat, les ministres, le tribunat, etc., etc. Ce serment est ainsi conçu : « Je » jure de maintenir la constitution, de respecter » la liberté des consciences, de m'opposer au re- » tour des institutions féodales, de ne jamais faire » la guerre que pour la défense et la gloire de la » république, et de n'employer le pouvoir dont je » serai revêtu, que pour le bonheur du peuple de » qui et pour qui je l'aurai reçu. » Le premier consul peut déposer aux archives du gouvernement, son vœu sur la nomination de son successeur, pour être présenté au sénat après sa mort. Si le premier consul n'a pas laissé son vœu ou que le sujet qu'il a présenté ne soit pas agréé par le sénat, ce sont les deuxième et troisième consul qui font les présentations. Elles doivent être faites ainsi que la nomination dans les vingt-quatre heures qui suivent la mort du premier consul.

Du Sénat; titre V.

Le sénat règle la constitution des colonies, tout ce qui n'est pas prévu par la constitution, en explique les articles qui donnent lieu à différentes interprétations. Il suspend pour cinq ans les fonctions de jurés dans les départemens où cette mesure est nécessaire ; déclare, quand les circonstances l'exigent, les départemens hors de la constitution ; détermine le temps dans lequel des individus arrêtés pour conspiration doivent être traduits devant les tribunaux lorsqu'ils ne l'ont pas été dans les dix jours de leur arrestation ; annulle les jugemens des tribunaux lorsqu'ils sont attentatoires à la sûreté de l'état ; dissout le corps législatif et le tribunat ; nomme les consuls. Les membres du sénat sont nommés sur la présentation par le premier consul de trois candidats pris sur la liste des citoyens désignés par les colléges électoraux. Le premier consul peut nommer, sans présentation préalable des colléges électoraux, les citoyens distingués par leurs services et leurs talens, pourvu qu'ils aient l'âge requis et que le nombre des sénateurs n'excède pas cent vingt. Les sénateurs pourront être consuls, ministres, membres de la légion d'honneur, inspecteurs de l'instruction publique et employés dans des missions extraordinaires et temporaires. Les ministres ont séances au sénat, mais sans voix délibérative s'ils ne sont sénateurs.

Le titre VI règle que le nombre des conseillers d'état n'excèdera jamais cinquante, qu'ils seront partagés en sections et que les ministres ont rang, séance et voix délibérative au conseil.

Par le titre VII, les départemens auront au corps législatif un nombre de membres proportionné à leur population. Le corps législatif se renouvellera par cinquième, et il est convoqué, ajourné, prorogé par le gouvernement.

Titre VIII. Le tribunat sera réduit à cinquante membres, à dater de l'an XIII. Le corps législatif et le tribunat sont renouvellés dans tous leurs membres quand le sénat a prononcé la dissolution.

Le titre IX crée un grand juge, ministre de la justice ; il préside la cour de cassation et les tribunaux d'appel, quand le gouvernement le juge convenable. Il a sur les tribunaux, justice de paix et les membres qui les composent, le droit de surveillance. Le tribunal de cassation présidé par lui a droit de censure sur les tribunaux d'appel et les tribunaux criminels ; il peut pour cause grave suspendre les juges et les mander pour rendre compte de leur conduite. Les tribunaux d'appel ont droit de surveillance sur les tribunaux civils et les tribunaux civils sur les juges de paix : même surveillance est établie entre les commissaires du gouvernement. Les membres du tribunal de cassation sont nommés par le sénat.

Le titre X donne au premier consul le droit de faire grâce ; mais il ne l'exerce qu'après avoir entendu, dans un conseil privé, le grand juge, deux ministres, deux sénateurs, deux conseillers d'état, et deux juges du tribunal de cassation.

§ II.

MEMBRES DE LA LÉGION D'HONNEUR ADMIS DANS LES COLLÉGES ÉLECTORAUX.

Les grands-officiers, commandans et officiers de

la légion d'honneur qui, aux termes de l'art. 99 de
l'acte des constitutions de l'empire du 28 floréal an
12, sont membres des colléges électoraux de département, seront en sus du nombre fixé par les colléges par l'art. 19 de l'acte des constitutions du 16
thermidor an 10, sans qu'ils puissent dans chaque
collége excéder le nombre de 25.

Les membres de la légion d'honneur qui aux
termes du même article sont membres des colléges
électoraux d'arrondissement, seront également en
sus du nombre fixé par l'art. 18 de l'acte des constitutions du 16 thermidor, sans qu'ils puissent dans
chaque collége excéder le nombre de 30.

La désignation des membres de la légion qui devront faire partie des colléges électoraux sera faite
par l'empereur.

§ III.

ADMISSION DES ÉTRANGERS AUX DROITS DES FRANÇAIS.

(Voyez dans les actes constitutifs de la république et de l'empire ce qui est réglé relativement aux
étrangers, pour leur admission aux droits de citoyens français.)

Du 26 vendémiaire an 11, (18 octobre 1802.)

Pendant cinq ans, à compter de la publication

du présent sénatus-consulte organique , les étrangers qui rendront ou qui auraient rendu des services importans à la république, qui apporteront
dans son sein des talents , des inventions ou une industrie utiles , ou qui formeront de grands établissemens, pourront , après un an de domicile, être
admis à jouir du droit de citoyen français , etc.

Du 19 *février* 1808.

(Sénatus-consulte qui augmente de cinq années
l'époque durant laquelle les étrangers qui sont dans
les cas désignés ci-dessus , peuvent après un an de
domicile obtenir les droits de citoyens français.)

CHAPITRE III.

§ Ier.

SÉNATUS-CONSULTE ORGANIQUE

Qui confère à *Napoléon Bonaparte* le gouvernement de la république sous le titre d'EMPEREUR DES FRANÇAIS.

TITRE I. Le gouvernement est confié à un empereur , qui prend le titre d'*Empereur des Français*.

Napoléon Bonaparte est Empereur des Français.

II. *De l'hérédité*. La dignité impériale est héréditaire dans la descendance directe , naturelle et légitime de Napoléon Bonaparte, de mâle en mâle, par ordre de primogéniture à l'exclusion perpétuelle des femmes et de leur descendance. — Napoléon Bonaparte peut adopter les enfans et les petits enfans de ses frères. — Si, postérieurement à l'adoption , il lui survient des enfans mâles, les adoptés ne peuvent être appelés qu'après les descendans naturels et légitimes. L'adoption est interdite aux successeurs de Napoléon Bonaparte. — A défaut d'héritier naturel et légitime ou adoptif de

Napoléon Bonaparte , la dignité impériale passe à *Joseph Bonaparte*, et à ses descendans.—A défaut d'héritiers naturels et légitimes de Joseph Bonaparte, *Louis Bonaparte* et ses descendans arrivent à la couronne. — A défaut de descendans naturels et légitimes de Napoléon, de Joseph et de Louis Bonaparte, un sénatus consulte organique proposé au sénat par les titulaires des grandes dignités de l'empire , et soumis à l'acceptation du peuple , nomme l'empereur. — Jusqu'au moment de l'élection du nouvel empereur, l'état est gouverné par les ministres, qui se forment en conseil de gouvernement.

III. *De la Famille impériale*. Les membres de la famille impériale portent le titre de *Princes français*; le fils ainé de l'empereur , a celui de *Prince Impérial*. — Ils sont membres du sénat et du conseil d'état à dix-huit ans. — La liste civile est de 26,000,000.

IV. *De la Régence*. L'empereur est mineur jusqu'à 18 ans. — Pendant la minorité il y a un régent qui a au moins 25 ans. — Les femmes sont exclues de la régence. — L'empereur désigne le régent parmi les princes français, et à défaut de désignation, la régence est déférée au prince du plus proche dégré ; si parmi les princes français il n'y en avait aucun qui put exercer la régence , elle est déférée par le sénat à l'un des grands dignitaires. — Pendant la régence et durant les trois années qui suivent la majorité, il ne peut être rendu aucun sénatus-consulte organique. — Le régent ne peut nommer, ni aux grandes dignités de l'empire, ni aux places de grands-officiers. Il ne peut élever des citoyens au rang de sénateur, ni révoquer le grand juge et le sécrétaire d'état. — Il n'est pas personnellement responsable des actes de son administration. — Le régent doit consulter le conseil de régence.

V. *Des grandes dignités de l'empire*. Les grandes dignités de l'empire sont celles de grand-électeur, d'archichancelier de l'empire, d'archichancelier d'état, d'archi trésorier, de connétable, de grand amiral. — Les titulaires en sont nommés par l'empereur; ils sont inamovibles, sénateurs, conseillers d'état; ils forment le grand conseil de l'empereur, le grand conseil de la légion d'honneur, et sont membres du conseil privé; (Sur la désignation des fonctions de chacun des grands dignitaires).

VI. *Des grands officiers de l'empire*. Ce sont les maréchaux de l'empire, les inspecteurs et colonels-généraux de l'artillerie, du génie, des troupes à cheval et de la marine; et les grands-officiers civils de la couronne. — Les maréchaux, choisis parmi les généraux les plus distingués, seront au nombre de seize : ceux qui sont sénateurs ne font pas partie de ce nombre. Les inspecteurs et colonels-généraux sont au nombre de huit. Les places de grands-officiers sont inamovibles. — Chacun des grands-officiers préside un collége électoral.

VII. *Des Sermens*. Dans les deux ans qui suivent son avènement ou sa majorité, l'empereur accompagné des grands dignitaires, des ministres et des grands-officiers, prête serment au peuple français en présence du sénat, du corps législatif, etc. Le serment est ainsi conçu : « Je jure de maintenir l'intégrité du territoire de la république, de respecter et faire respecter les lois du concordat et la liberté des cultes ; de respecter et faire respecter l'égalité des droits, la liberté politique et civile, l'irrévocabilité des ventes des biens nationaux, de ne lever aucun impôt, de n'établir aucune taxe qu'en vertu de la loi ; de maintenir l'institution de la Légion d'Honneur ; de gouverner dans la seule vue de l'intérêt, du bonheur et de la gloire du peuple français. » — Le régent prêtera serment au peuple français. — Les titulaires des grandes dignités, les ministres, les grands-officiers, les membres du sénat, etc ; les fonctionnaires publics, civils et judiciaires, et les officiers et soldats de terre et de mer prêtent serment en ces termes : « Je jure obéissance aux constitutions de l'empire et fidélité à l'empereur. »

VIII. *Du Sénat*. Il se compose des princes français ayant atteint leur dix-huitième année, des grands

grands dignitaires, de 80 membres nommés sur la présentation de candidats choisis par l'empereur sur les listes formées par les colléges électoraux de département ; et des citoyens que l'empereur juge convenables d'élever à la dignité de sénateur. — Il y a dans son sein une commission appelée *commission sénatoriale de la liberté individuelle* qui prend connaissance, sur la communication qui lui en est donnée par les ministres, des arrestations des personnes soupçonnées de tramer quelque chose contre le repos de l'état, si ces personnes n'ont pas été traduites devant les tribunaux dans les dix jours de leur arrestation.—Toutes les personnes arrêtées et non mises en jugement après les dix jours de leur arrestation peuvent recourir à cette commission. — Une commission de sept membres nommés par le sénat, est chargée de veiller à la liberté de la presse. — Les projets de loi décrétés par le corps législatif sont transmis au sénat, qui, dans le cas où il serait reconnu que ledit projet de loi tend au rétablissement féodal ; ou qu'il est contraire à l'irrévocabilité des ventes des domaines nationaux ; ou qu'il n'a pas été délibéré dans les formes prescrites ; ou qu'il porte atteinte aux prérogatives de la dignité impériale et à celle du sénat, peut exprimer l'opinion qu'*il n'y a pas lieu à promulguer la loi*. — Les opérations des colléges électoraux peuvent être annulées par cause d'inconstitutionnalité par un sénatus-consulte.

IX. *Du Conseil d'Etat.* Lorsque le conseil d'état délibère sur les projets de lois ou sur les réglemens d'administration publique , les deux tiers des membres du conseil en service ordinaire doivent être présens. — Le nombre des conseillers d'état présens ne peut être moindre de vingt-cinq. — Le conseil d'état se divise en section de législation , section de l'intérieur , section des finances , section de la guerre, section de la marine, et section du commerce. — Lorsqu'un membre du conseil d'état a été porté pendant cinq années sur la liste des membres du conseil en service ordinaire , il reçoit un brevet de conseiller d'état à vie.

X. *Du Corps législatif.* Les membres sortans peuvent être réélus sans intervalle. — Les projets de loi qui lui sont présentés , sont renvoyés au tribunat. — Les séances se distinguent en séances ordinaires , et en comités généraux. — Les séances ordinaires diffèrent des comités généraux, en ce que les orateurs du conseil d'état et ceux du tribunat y assistent. — En séance ordinaire , le corps législatif entend les orateurs , et vote sur le projet de loi ; en comité général les législateurs discutent entre eux les avantages et les inconvéniens du projet de loi. — Le corps législatif se forme en comité général : sur l'invitation du président pour les affaires intérieures du corps ; sur la demande de cinquante membres présens ; et sur la demande des orateurs du conseil d'état , spécialement autorisés à cet effet. — Lorsque le comité général a lieu sur l'invitation du président, ou sur la demande de cinquante membres, il est secret, et les discussions ne doivent être ni imprimées, ni divulguées ; mais s'il a lieu sur la demande des orateurs du conseil d'état, il est nécessairement public.

XI. *Du Tribunat.* Les fonctions des membres du tribunat durent dix ans. — Il se renouvelle par moitié tous les cinq ans. — Il est divisé en trois sections : législation, intérieur, finances. — Chaque section discute séparément et en assemblée de section les projets de loi qui lui sont transmis.

XII. *Des Colléges électoraux.* Toutes les fois qu'un collége électoral de département est réuni pour la formation de la liste des candidats au corps législatif, les listes des candidats pour le sénat sont renouvellées. — Les grands-officiers, les commandans et les officiers de la légion d'honneur, sont membres des colléges électoraux de département. — Les légionnaires sont membres des colléges électoraux d'arrondissement. — Les préfets et les commandans militaires des départemens, ne peuvent être élus candidats au sénat, par les colléges électoraux des départemens dans lesquels ils exercent leurs fonctions.

XIII. *De la Haute Cour impériale.* La haute

cour connaît : 1°. des délits personnels commis par des membres de la famille impériale , par les grands dignitaires , les ministres , le sécrétaire d'état , les grands-officiers, les sénateurs , les conseillers d'état ; 2°. des crimes , attentats et complots , contre la sûreté intérieure et extérieure de l'état , la personne de l'empereur et celle de l'héritier présomptif de l'empire ; 3°. des *délits de responsabilité d'office*, commis par les ministres et les conseillers d'état ; 4°. des prévarications et abus de pouvoir , soit par des capitaines-généraux des colonies , préfets coloniaux, commandans des établissemens français hors du continent ; soit par des administrateurs-généraux, soit par des généraux de terre et de mer ; 5°. du fait de désobéissance des généraux de terre et de mer , qui contreviennent à leurs instructions ; 6°. des concussions et dilapidations des préfets ; 7°. des forfaitures ou prises à parties , qui peuvent être encourues par une cour d'appel , une cour de justice criminelle , ou par des membres de la cour de cassation ; 8°. des dénonciations pour cause de détention arbitraire et de violation de la liberté de la presse. — La haute cour , présidée par l'archichancelier de l'empire , a son siège dans le sénat : elle se compose des princes, des grands dignitaires, des grands-officiers, du grand juge, de soixante sénateurs , des six présidens des sections du conseil d'état , de quatorze conseillers d'état , et de vingt membres de la cour de cassation. — La haute cour ne peut agir que sur les poursuites du ministère public dans les délits commis par ceux que leur qualité rend justiciables de la haute cour. — Les ministres ou les conseillers d'état, chargés d'une partie quelconque d'administration publique, peuvent être dénoncés par le corps législatif s'ils ont donné des ordres contraires aux constitutions et aux lois de l'empire ; les capitaines-généraux, préfets coloniaux, administrateurs-généraux, préfets, généraux de terre et de mer, etc., peuvent aussi être dénoncés par le corps législatif. — La dénonciation du corps législatif ne peut être arrêtée que sur la demande du tribunat ou sur la demande de cinquante membres du corps législatif. La haute cour ne peut juger à moins de soixante membres. — Dix de la totalité des membres qui la composent peuvent être recusés par l'accusé et dix par la partie publique. — Les débats et le jugement ont lieu en public. — La haute cour ne peut prononcer que des peines portées par le code pénal ; ses arrêts ne sont soumis à aucun recours. — Les arrêts qui prononcent une condamnation à une peine infamante ou afflictive, ne peuvent être exécutés que lorsqu'ils ont été signés par l'empereur.

XIV. *De l'Ordre Judiciaire.* (Ce titre règle les titres que prendront les tribunaux, les jugemens, les présidens et les commissaires du gouvernement.)

Les présidens de la cour de cassation, des cours d'appel et de justice criminelle sont nommés à vie par l'empereur et peuvent être pris hors des cours qu'ils doivent présider.

XV. *De la Promulgation*. (Ce titre détermine la forme et le mode de la promulgation des sénatus-consultes, des actes du sénat, des lois et des jugemens.)

XVI *et dernier*. La proposition suivante sera présentée à l'acceptation du peuple.

« Le peuple français veut l'hérédité de la dignité impériale dans la descendance directe, naturelle, légitime et adoptive de Napoléon Bonaparte, etc. »

§ II.

SÉNATUS-CONSULTE RELATIF A L'HÉRÉDITÉ DE LA DIGNITÉ IMPÉRIALE.

PLÉBISCITE

Portant déclaration de la volonté du peuple français.

Après avoir entendu le rapport de la commission spéciale chargée de vérifier les registres des votes émis par le peuple français en exécution de l'article 142, et de l'acte des constitutions de l'empire, sur l'acceptation de cette proposition :

« Le peuple français veut l'hérédité de la di-
» gnité impériale dans la descendance directe,
» naturelle, légitime et adoptive de Napoléon Bo-
» naparte et dans la descendance, etc.... »

Vu le procès-verbal qui constate que trois millions cinq cent vingt-quatre mille deux cent cin-
quante-quatre citoyens ont donné leurs suffrages,
et que trois millions cinq cent vingt-un mille six
cent soixante-quinze citoyens ont accepté ladite
proposition ;

Le Sénat déclare ce qui suit :

La dignité impériale est héréditaire dans la descendance directe, naturelle, légitime et adoptive
de Napoléon Bonaparte, et dans la descendance
directe, naturelle et légitime de Joseph Bonaparte
et de Louis Bonaparte, ainsi qu'il est réglé par
l'acte des constitutions de l'empire.

§ III.

CRÉATION DE GRANDES DIGNITÉS DE L'EMPIRE.

Du 2 février 1808.

Le gouvernement général des départemens au-
delà des Alpes est érigé en grande dignité de l'empire, sous le titre de gouverneur-général. — Le
prince gouverneur-général jouira des titres, rangs
et prérogatives attribués aux autres princes grands

dignitaires, prendra rang dans l'étendue de son gouvernement, immédiatement après les princes français, et exercera dans son gouvernement les fonctions suivantes, concurremment avec les princes grands dignitaires auxquels elles sont attribuées : il portera à la connaissance de l'empereur les réclamations des colléges électoraux et des assemblées de canton, recevra le serment des présidens des colléges électoraux et des assemblées de canton ; des présidens et des procureurs-généraux des cours et tribunaux ; des administrateurs civils et des finances ; des majors, chefs de bataillon et d'escadron. Il présentera au serment, lorsque l'empereur sera dans son gouvernement général, les généraux, et autres grands fonctionnaires publics, présentera les députations et présidera le collége électoral de Gènes.

Du 2 mars 1809.

Le gouvernement général des départemens de la Toscane est érigé en grande dignité de l'empire sous le titre de grand duc. — Il jouira des prérogatives, titres et rang attribués au gouverneur des départemens au-delà des Alpes. — Ce gouvernement pourra être conféré à une princesse du sang impérial avec le titre de grande duchesse.

§ IV.

CRÉATION DE PLACES DE GRANDS-OFFICIERS DE LA COURONNE.

Deux nouvelles places de grand-officier de l'empire sont créées, l'une sous le titre d'inspecteur-général des côtes de la mer de Ligurie, et l'autre sous le titre d'inspecteur-général des côtes de la mer du Nord. En conséquence, le nombre des grands-officiers, etc., fixé à huit par l'acte des constitutions du 18 mai 1804, est porté à dix.

§ V.

DOTATION DE LA COURONNE.
DOMAINE EXTRAORDINAIRE ET PRIVÉ.
DOUAIRE DE L'IMPÉRATRICE.
APANAGES.

Du 30 janvier 1810.

I. *Dotation de le Couronne.* La dotation de la couronne se compose des palais, maisons, terres, bois, parcs, domaines, rentes, manufactures, compris dans les dispositions des articles I et IV de la loi du 26 mai 1791. — Des palais de Turin, de Stupinis, de Parme, de Colorno, de Pitti à Florence, de Pise, de Livourne, de la Crocetta, du

Poggio impériale, du Poggio de Cajano, du Castello de Protellino et de la Villa de Caffagiolo. — Il sera attaché à ces palais au-delà des Alpes une dotation en terres et domaines, du revenu net annuel de 2,900,000 fr. — La couronne demeurera chargée de meubler, entretenir et réparer lesdits palais, etc., et d'affecter une somme annuelle d'un million de francs de rente au prince grand dignitaire gouverneur général des départemens au-delà des Alpes, et aussi celle d'un million au grand dignitaire gouverneur-général de Toscane. — Les diamans, perles, pierres, tableaux, statues, pierreries gravées et autres monumens des arts qui sont soit dans les musées, soit dans les palais impériaux, font partie de la dotation. — Les meubles meublans, voitures, chevaux, etc., et jusqu'à la concurrence de 30 millions, font également partie de la couronne. Les biens formant la dotation sont inaliénables, imprescriptibles ; ils ne peuvent être engagés ou chargés d'hypothèques. L'échange ne peut avoir lieu qu'en vertu de sénatus-consultes. — Ils sont administrés par un intendant général. — Ils sont grèvés de toutes les charges civiles de la propriété et ne supportent pas de contributions publiques.

II. *Du Domaine extraordinaire*. Il se compose des domaines et biens mobiliers et immobiliers, que l'empereur, exerçant le droit de paix et de guerre, acquiert par des conquêtes ou des traités soit patents ou secrets. — L'empereur en dispose, pour subvenir aux dépenses de ses armées, pour récompenser ses soldats et les grands services civils ou militaires, pour élever des monumens, faire faire des travaux publics, encourager les arts, et ajouter à la splendeur de l'empire. — Les biens qui le composent sont assujettis à toutes les charges de la propriété, à toutes les contributions et charges publiques. — Il y aura un intendant général et un trésorier dont la comptabilité sera vérifiée chaque année par une commission du conseil d'état. — La reversion des biens donnés par l'empereur sur le domaine extraordinaire sera toujours établie dans l'acte d'investiture.

III. *Du Domaine privé.* L'empereur a un domaine privé provenant soit de donations, successions ou acquisitions. — Tous les meubles de la couronne excédant trente millions, font partie du domaine privé. — L'argent comptant et les valeurs de toutes espèces déposés dans les caisses de la couronne au moment de l'ouverture de la succession, appartiennent au domaine privé. — L'empereur ne peut avant vingt-cinq ans faire aucune disposition entre-vifs de son domaine privé. — (Le partage du domaine privé, la désignation de ce qui peut ou doit être réuni au mobilier de la couronne, etc., sont réglés.)

IV. *Du Douaire des Impératrices et des Apanages.* Le douaire est à la charge de l'état. — Sa quotité est fixée par un sénatus-consulte, lors du mariage ou de l'avènement au trône. Les apanages sont dûs aux fils puinés de l'empereur et du prince impérial décédé ; aux descendans mâles des princes lorsqu'il n'en a pas été accordé à leur père ou aïeul. — Après le décès des princes apanagés, le fils aîné recueille l'apanage ; en cas d'extinction de ligne masculine, l'apanage retourne à sa source. — La fixation des apanages n'est pas uniforme ; elle ne peut excéder un revenu de trois millions. — Les biens qui forment l'apanage ne peuvent être ni aliénés, ni engagés ; ils sont imprescriptibles.

V. *Dotation des Princesses.* Les princesses, filles de l'empereur régnant ou décédé, et les filles des princes, fils de l'un ou de l'autre, sont dotées par l'empereur. — Les princesses parvenues à l'âge de 18 ans, sans être mariées, ont droit à une pension annuelle.

Sénatus-consulte du 1er. mai 1812, qui réunit divers immeubles à la dotation de la couronne, et qui réunit à son domaine les palais de Strasbourg et de Bordeaux.

Sénatus-consulte, du 14 avril 1813, qui autorise

l'échange de biens entre le domaine de la couronne
et le domaine impérial.

§ VI.

RÉGENCE.

SACRE ET COURONNEMENT DE L'IMPÉRATRICE.

SACRE ET COURONNEMENT DU PRINCE IMPÉRIAL,
ROI DE ROME.

I. *De la Régence.* Le cas arrivant où l'empereur
mineur monte sur le trône, sans que l'empereur son
père ait disposé de la régence de l'empire, l'impératrice mère réunit de droit, à la garde de son
fils mineur, la régence de l'empire. — L'impératrice
régente, ne peut passer à de secondes noces. — Au
défaut de l'impératrice, si l'empereur n'a laissé
aucunes dispositions, la régence appartient au premier prince du sang, et à son défaut, à l'un des
autres princes français dans l'ordre de l'hérédité de
la couronne. — S'il n'existe aucun prince du sang
habile à exercer la régence, elle passe aux princes
dignitaires. — Un prince français assis sur un trône
étranger, n'est pas habile à exercer la régence.
— Les vice-grands dignitaires, exercent les droits
des titulaires qu'ils suppléent. — Pour être habile
à exercer la régence, et pour entrer au conseil de
régence, il faut être âgé, au moins, de vingt-
un ans.

II. *De la manière dont l'empereur dispose de la régence.* L'empereur dispose de la régence, soit par acte de dernière volonté, soit par lettres patentes.

III. *Étendue et durée du pouvoir de la régence.* La régence commence au décès de l'empereur, et cesse à la majorité de son successeur.—L'impératrice régente nomme aux grandes dignités, et aux grands offices qui vaquent durant sa régence. — Elle nomme et révoque tous les ministres, et peut élever des citoyens au rang de sénateur.

IV. *Du Conseil de régence.* Il se compose du premier prince du sang, des princes du sang, oncles de l'empereur et des princes grands dignitaires. —L'empereur, soit par testament, soit par lettres-patentes, ajoute au conseil de régence le nombre de membres qu'il juge convenable. — La régente ou le régent ne peut éloigner aucun membre du conseil de la régence. — Le conseil délibère nécessairement à la majorité absolue des voix : sur le mariage de l'empereur ; sur la paix ; la guerre et les alliances ; sur la question, en cas de vacance, si on nommera aux grandes dignités.

V. *De la garde de l'empereur mineur.* Elle est confiée, ainsi que la surintendance de sa maison et la surveillance de son éducation, à sa mère. — A défaut, c'est le conseil de régence, si l'empereur décédé n'y a pas pourvu, qui y pourvoit, en choisissant l'un des princes titulaires des grandes dignités.

VI. L'impératrice régente ou le régent, prêtent serment de fidélité à l'empereur, de se conformer aux actes des constitutions, d'observer les dispositions faites par l'empereur, de maintenir l'intégrité du territoire de l'empire, etc., etc.

VII. *Administration du Domaine impérial et disposition des revenus.*

VIII. *Cas d'absence de l'empereur ou du régent.* Si au décès de l'empereur, son successeur majeur ou le régent est absent du territoire de l'empire, les pouvoirs des ministres se trouvent prorogés jusqu'à ce que l'empereur ou le régent y soit arrivé. Le premier au rang des grands dignitaires préside le conseil qui gouverne l'état sous la forme de conseil de gouvernement.

IX. *Du Sacre et du Couronnement de l'impératrice mère.* L'impératrice mère du prince héréditaire roi de Rome, pourra être sacrée et couronnée.

X. *Du Sacre et couronnement du Prince impérial, roi de Rome.* Le prince impérial, roi de Rome, pourra, en sa qualité d'héritier de l'empereur, être sacré et couronné du vivant de l'empereur. — Après ce sacre et couronnement, les sénatus-consultes, lois, réglemens, statuts impériaux, décrets et tous actes porteront, outre l'indication de

l'année du règne de l'empereur, l'année du couronnement du prince impérial.

§ VII.

STATUTS IMPÉRIAUX.

1er. STATUT DE FAMILLE.

Titre Ier. *De l'état des Princes et Princesses de la
maison impériale.* L'empereur est le chef et le père
commun de sa famille. — Il exerce, sur ceux qui
la composent, la puissance paternelle pendant leur
minorité et conserve toujours à leur égard un pouvoir de surveillance de police et de discipline.
— La maison impériale se compose ; des princes
compris dans l'ordre d'hérédité et leurs descendans
en légitime mariage jusqu'au cinquième dégré ;
des enfans d'adoption de l'empereur Napoléon et de
leur descendance légitime. — Le mariage des
princes et princesses sera nul quand il aura été contracté sans le consentement formel de l'empereur ;
les conventions matrimoniales doivent être approu-
vées par l'empereur sous peine de nullité. — Le
divorce est interdit aux membres de la maison
impériale ; ils pourront néanmoins demander sé-
paration de corps, etc.

Titre II. *Des actes relatifs à l'état des Princes et Princesses de la maison impériale.*

Titre III. *De l'éducation des Princes et des Princesses de la maison impériale.*

L'empereur régle tout ce qui concerne l'éducation des enfans des princes et princesses de sa maison. — Tous les princes nés dans l'ordre d'hérédité sont élevés ensemble, soit dans le palais qu'habite l'empereur, soit dans un autre palais dans le rayon de dix myriamètres de sa résidence habituelle. — Leur cours d'éducation commencera à sept ans et finira lorsqu'ils auront atteint leur seizième années. — Les enfans de ceux qui se seront distingués par leurs services pourront être admis par l'empereur à en partager les avantages. — Le cas arrivant où un prince dans l'ordre de l'hérédité, monterait sur un trône étranger, il sera tenu lorsque ses enfans mâles auront atteint l'âge de sept ans, de les envoyer en France pour y recevoir leur éducation.

Titre IV *Du Pouvoir de Surveillance, etc., que l'Empereur exerce dans sa Famille.*

Les princes et princesses de la maison impériale ne pourront sans ordre ou sans congé sortir du territoire de l'empire, ni s'éloigner de plus de trente lieues de la ville où la résidence impériale est établie. — Si un membre de la maison impériale venait à se livrer à des déportemens et oublier sa dignité et ses devoirs, l'empereur pourra infliger pour un temps qui ne pourra excéder une année, les arrêts, l'éloignement de sa personne, l'exil. — L'empereur peut ordonner aux membres de sa maison d'éloigner d'eux les personnes qui lui paraissent suspectes.

TITRE V. *Du Conseil de Famille.*

Il y aura près de l'empereur un conseil de famille qui connaîtra des plaintes portées contre les princes et princesses de la maison impériale toutes fois qu'elles n'auront point pour objet des délits de la nature de ceux qui doivent être jugés par la haute cour ; il connaîtra aussi des actions purement personnelles intentées, soit par les princes et princesses, soit contre eux ; à l'égard des actions réelles, mixtes, elles seront portées devant les tribunaux ordinaires. — Le conseil se borne à déclarer qu'on est répréhensible pour le fait que la plainte spécifie, et l'empereur use d'indulgence ou applique les peines spécifiées dans le titre précédent ; il peut même, selon la gravité du fait, appliquer la peine de réclusion pendant deux ans dans une prison d'état.

TITRE VI.

Les grands dignitaires et les ducs sont assujettis pour déportemens et oubli de dignité et de devoir aux peines établies au titre IV pour les princes et princesses de la famille impériale.

2. Statut pour l'établissement des titres.

Napoléon, etc. Vu le sénatus-consulte du 14 août 1806, (voyez le sénatus-consulte organique, qui accorde une indemnité à la princesse Borghèse, à cause de la cession de la principauté de Guastalla.)

Nous avons décrété, etc.

Les titulaires des grandes dignités de l'empire, porteront le titre de *Princes*, et d'*Altesse serénissime*. — Leurs fils aînés auront de droit le titre de *Duc de l'Empire*, lorsqu'un majorat produisant deux cent mille francs de revenu aura été institué. — Ce titre et ce majorat seront transmissibles. — Les grands dignitaires pourront instituer pour leur fils aîné ou puiné, des majorats auxquels seront attachés des titres de *Comte* ou de *Baron*.

Les ministres, sénateurs, conseillers d'état à vie, les présidens du corps législatif, les archevêques porteront pendant leur vie le titre de *Comte*. — Ce titre sera transmissible à la descendance directe et légitime. — Le titulaire justifiera d'un revenu net de trente mille francs dont un tiers sera affecté à la formation d'un majorat. — Les *Comtes* pourront instituer pour l'un de leurs fils, un majorat auquel sera attaché le titre de *Baron*.

Les présidens de colléges électoraux de département, le premier président et le procureur-général de la cour de cassation, le premier président et le procureur-général de la cour des comptes, les premiers présidens et les procureurs-généraux des cours d'appel, les évêques, les maires des bonnes villes, porteront pendant leur vie les titres de *Baron;* il faudra que les présidens des colléges électoraux, aient présidé les colléges pendant trois sessions; les premiers présidens, procureurs-généraux et maires, devront avoir dix ans d'exercice. — Ce titre sera transmissible. — Le titulaire devra justifier d'un revenu de quinze mille livres, dont le tiers sera affecté à la formation d'un majorat.

Les membres de la légion d'honneur, et ceux qui, à l'avenir, obtiendront cette distinction, porteront le titre de *Chevalier.* — Ce titre sera transmissible à la descendance directe, etc., de celui qui en obtiendra le droit par lettres patentes, et qui justifiera trois mille francs de revenu.

Nous nous réservons d'accorder les titres que nous jugerons convenable aux généraux, préfets, officiers civils et militaires, et autres de nos sujets, qui se seront distingués par des services rendus à l'état.

3. STATUT.
MAJORATS.

(C'est un réglement sur les formes à suivre de la part de ceux qui sont autorisés à transmettre leur titre en formant un majorat, etc., etc.)

§ VIII.

Dissolution du Mariage de l'Empereur NAPOLÉON *et de l'Impératrice* JOSÉPHINE.

Le sénat conservateur, etc., Vu l'acte du 15 du présent mois dressé par le prince archichancelier de l'empire dont la teneur suit :

(C'est un acte de consentement de dissolution de mariage, motivé par l'empereur, approuvé par l'impératrice Joséphine et signé par les rois, reines, princes et princesses de la famille impériale.)

Décrète :

Le mariage contracté entre l'empereur Napoléon et l'impératrice Joséphine est dissous. — L'impératrice Joséphine conservera les titres et rang d'Impératrice - Reine couronnée. — Son douaire est fixé à une rente annuelle de deux millions. Toutes les dispositions qui pourront être faites par l'empereur en faveur de l'impératrice Joséphine sur les fonds de la liste civile, seront obligatoires pour ses successeurs.

§ IX.

Apanage du Roi LOUIS.

L'apanage du roi Louis, en sa qualité de prince français, est fixé à un revenu annuel de deux millions, etc.

SECONDE PARTIE.

TERRITOIRE ET POPULATION.

CHAPITRE Ier.

RÉUNIONS A L'EMPIRE.

Du 8 *fructidor an* 10. (26 août 1812.)

L'île d'Elbe est réunie au territoire de la république française.

Du 24 *fructidor an* 10. (11 septembre 1802.)

Les départemens du Pô, de la Doire, de Marengo, de la Sezia, de la Stura et du Tanaro, sont réunis au territoire de la République.

La ville de Turin sera comprise parmi les principales villes de la république dont les maires sont présentés à la prestation du serment du citoyen nommé pour succéder au 1er consul.

Du 16 *vendémiaire an* 14. (8 octobre 1805.)

Les arrondissemens de Gênes, Novi, Port-Maurice, Savone, San-Reno, Chiavari, Sarzanne et

Bardi, sont réunis au territoire de l'empire français.

La ville de Gênes sera comprise parmi les principales villes de l'empire, dont les maires sont présens au serment de l'empereur, à son avènement.

Du 21 *janvier* 1808.

Les villes de Kehl, Cassel, Wesel, Flessingue et leurs dépendances sont réunies au territoire de l'empire.

Du 24 *mai* 1808.

Les duchés de Parme et de Plaisance sont réunis à l'empire, sous le titre du département du Taro.

Les états de Toscane sont réunis à l'empire sous les titres des départemens de l'Arno, de la Méditerranée et de l'Ombrone.

Les villes de Parme, Plaisance, Florence et Livourne seront comprises parmi les principales villes dont les maires sont présens au serment de l'empereur à son avènement.

Du 17 *février* 1810.

L'état de Rome est réuni à l'empire et formera les départemens de Rome et du Trasimène. La ville de Rome est la seconde ville de l'Empire. — Le maire de Rome est présent au serment de l'empereur. — Le prince impérial porte le titre et reçoit les honneurs de *Roi de Rome.*

Il y aura à Rome un prince du sang ou un grand dignitaire [de l'empire, qui tiendra la cour de l'Empereur — Après avoir été couronnés dans l'église de Notre-Dame de Paris, les empereurs seront couronnés dans l'Eglise de Saint-Pierre de Rome, avant la dixième année de leur règne.

Du 24 avril 1810.

Tous les pays situés sur la rive gauche du Rhin depuis les limites des départemens de la Roër et de la Meuse-Inférieure, en suivant le Thalweg du Rhin jusqu'à la mer, sont réunis à l'empire.

Du 23 décembre 1810.

Le Valais est réuni au territoire de l'empire. — Il formera le département de Simplon.

Du 13 décembre 1810.

La Hollande, les villes Hanséatiques, le Lauembourg, et les pays situés entre la mer du nord et une ligne tirée depuis le confluent de la Lippe dans le Rhin, jusqu'à Halteren; de Halteren à l'Ems au-dessus de Felget; de l'Ems au confluent de la Werra dans le Weser, et de Stolzeneau sur le Weser, à l'Elbe au-dessus du confluent de la Steckenitz feront partie intégrante de l'empire. — Les villes d'Amsterdam, Rotterdam, Hambourg, Brême et Lubec sont comprises parmi les bonnes villes dont les maires seront présens au serment de l'empereur. — La jonction de la mer Baltique aura lieu par un canal qui, partant de celui de Hambourg à Lubeck, communiquera de l'Elbe au Weser, du Weser à l'Ems, et de l'Ems au Rhin.

CHAPITRE II.

PUISSANCE TEMPORELLE DES PAPES.
RÉUNION DE ROME A L'EMPIRE.

Du 17 février 1810.

(Extrait d'un sénatus-consulte organique , portant réunion de Rome à l'empire.)

TITRE II. *De l'indépendance du Trône impérial de toute autorité sur la terre.*

Toute souveraineté étrangère est incompatible avec l'exercice de toute autorité spirituelle dans l'intérieur de l'empire. — Lors de leur exaltation, les papes prêteront serment de ne jamais rien faire contre les Quatre Propositions de l'Eglise gallicane, arrêtées dans l'assemblée du clergé de 1682. — Les Quatre Propositions de l'Église gallicane sont déclarées communes à toutes les églises catholiques de l'empire.

TITRE III. *De l'existence temporelle des Papes.*

Il sera préparé , pour le pape , des palais dans les différens lieux de l'empire , où il voudrait résider. Il en aura nécessairement un à Paris et un à Rome. — Deux millions de revenu en biens ruraux, francs de toute imposition, seront assignés au pape. — Les dépenses du sacré collége et de la propagande sont déclarées impériales.

CHAPITRE III.

ACQUISITIONS DES BIENS EN ÉCHANGE.
POUVOIR DONNÉ A L'EMPEREUR D'AUTORISER LES
SUBSTITUTIONS POUR LA FORMATION DES MA-
JORATS.

Du 14 août 1806.

La principauté de Guastalla ayant été cédée au royaume d'Italie, etc., il sera acquis du produit de cette cession, et en remplacement, des biens qui seront possédés par S. A. I. la princesse Pauline, le prince Borghèse son époux, et leurs descendans, etc.

Quand sa majesté le jugera convenable, soit pour récompenser de grands services, soit pour exciter une noble émulation, soit pour concourir à l'éclat du trône, elle pourra autoriser un chef de famille à substituer ses biens libres, pour former la dotation d'un titre héréditaire que sa majesté érigerait en sa faveur, reversible à son fils aîné, et à ses descendants en ligne directe de mâle en mâle. — Les propriétés ainsi possédées, n'auront et ne confèreront aucun droit ou privilége, etc.

CHAPITRE IV.

Pays réunis a l'empire sous et pendant la monarchie de Napoléon.

———

Le 20 brumaire an 8 , (11 novembre 1799.)
Lorsque Napoléon Bonaparte parvint au consulat,
le territoire de la république se composait des
provinces de l'ancienne France ; du territoire d'A-
vignon et du Comtat Venaissin , réunis par décret
de l'assemblée constituante du 14 septembre 1791;
de la Savoye réunie le 27 novembre 1792 par la
convention ; du comté de Nice et de la principauté
de Monaco, réunis par décret de la convention le 4
février 1793; de l'évêché de Bâle réuni le 23 mars
1793 ; de la Belgique, du pays de Liége, etc.,
réunis le 1.er octobre 1795 ; du comté de Mont-
belliard , et de quelques seigneuries attenantes,
cédées par le duc de Wirtemberg par traité du 7
août 1796; de la ville et du territoire de Genève
réunis le 26 avril 1798 ; de Mulhouse réuni le 28
janvier 1798.

L'ancienne France formait au commencement

de 1814 quatre-vingt-cinq départemens, qui présentaient une population de 29,000,000 d'habitans.

Les réunions énumérées ci-dessus, partagées en 13 départemens, comptaient 4,292,384 habitans.

Les départemens successivement réunis au territoire français pendant les quinze années que Napoléon a gouverné la France sont :

Apennins, formé du pays de Gênes, etc., réuni le 7 octobre 1805. Superficie 416,000 hectares. Population 254,658.

Arno, formé de la Toscane, réuni le 24 mai 1808. Superf. 807,475 hect. Pop. 584,475.

Bouches de l'Elbe, formé du territoire de villes Hanséatiques, du Luxembourg, réuni le 13 décembre 1810. Superf. 735,247 hect. Population 575,976.

Bouches de l'Escaut, formé des îles de Walchéren, Sud et Nord-Béveland, etc., réuni le 21 janvier 1808, et le 24 avril 1810. Superf. 63,000 hect. Pop. 76,820.

Bouches de la Meuse, formé de la Hollande, (1) réuni le 13 décembre 1810. Superf. 206,220 hect. Pop. 309,234.

---

(1) La Hollande lors de sa réunion à l'empire, fut partagée en sept départemens.

Bouches du Rhin, formé des pays entre le Wahal, le Rhin, les départemens de la Roër et de la Meuse-Inférieure, réuni à l'empire le 24 avril 1810. Superf. 481,448 hectares. Population 257,580.

Bouches du Weser, formé des territoires de Brême, Lubeck et Hambourg ; réuni le 13 décembre 1810. Superf. . . . . . hect. Population 327,175.

Bouches de l'Yssel, formé de la Hollande ; réuni le 13 décembre 1810. Superf. 340,000 hect. Pop. 145,000.

Doire, il est un de ceux qu'on forma du Piémont, réuni le 11 septembre 1802. Superf. 250,853 hect.Pop. 2 38,000.

Ems occidental, Hollande, réuni le 13 décembre 1810. Superf. . . . . hect. Population 191,100.

Ems oriental, Hollande, réuni le 13 décembre 1810. Superf. . . . . hect. Population 128,200.

Ems supérieur, composé de l'évêché d'Osnabruck, des territoires de Minden, Lingen, etc., réuni le 13 décembre 1810. Superf. . . . . .hect. Pop. 442,050.

Frise, Hollande, réuni le 13 décembre 1810. Sup. 279,835 hect. Pop. 175,400.

Génes, république ligurienne, réuni le 8

octobre 1805. Superf. 237,600 hect. Population 400,056.

Lippe, formé de portions de Westphalie, de Hollande, etc., réuni le 13 décembre 1810. Superf. . . . . . hect. Pop. 539,355.

Marengo, Piémont; réuni le 11 septembre 1802. Superf. 348,251 hect. Pop. 318,447.

Méditerranée, Toscane; réuni le 24 mars 1808. Superf. 491,000 hect. Pop. 3,8,725.

Montenotte, état de Gênes; réuni le 8 octobre 1805. Superf. 593,798 hect. Pop. 289,823.

Mont-Tonnère, formé de portions de l'Electorat de Mayence, du Palatinat, Worms, Spire, etc.; réuni le 9 mars 1801. Sup. . . . . . hect. Pop. 542,316.

Ombrone, Toscane; réuni le 24 mai 1808. Superf. 774,897 h. — Pop. 188,665.

Pô, Piémont; réuni le 11 septembre 1802. Superf. 414,526 h. — Pop. 399,237.

Rhin et Moselle, formé des électorats de Cologne, de Trèves, du Palatinat, etc; réuni le 9 mars 1801. Superf. 588,419, hec. — Pop. 273,840.

Roër, formé de la partie des provinces de Clèves, Gueldre, Meurs, située sur la rive gauche du Rhin, Juliers, partie de l'électorat de Cologne, etc.; réuni le 9 mars 1801. Superf. 700,000 h. — Pop. 631,094.

TOME II. 8

Rome, formé des états dû pape ; réuni le 17 février 1810. Superf. 1,300,000 h. — Pop. 560,000.

Sarre, formé des électorats de Trèves et Cologne, etc. ; réuni le 9 mars 1801. Superf. 493,513 h. — Pop. 288,641.

Sésia, Piémont ; réuni le 11 septembre 1802. Superf. 335,188 h. — Pop. 202,733.

Simplon, formé du Vallais ; réuni le 13 décembre 1810. Superf. 500,000 h. — Pop. 63,500.

Stura, Piémont ; réuni le 11 septembre 1802. Superf. 857,216 h. — Pop. 431, 438.

Taro, Parme et Plaisance ; réuni le 24 mars 1808. Superf. 502,236 h. — Pop. 376,558.

Trasimène, états du pape ; réuni le 17 février 1810. Superf. . . . . . . h. — Pop. 300,000.

Yssel supérieur, Hollande ; réuni le 13 décembre 1810. Superf. 561,081 h. — Pop. 161,700.

Zuyderzée, Hollande ; réuni le 13 décembre 1810. Superf. 950,100 h. — Pop. 507,501.

De ces trente deux départemens réunis à la république où à l'empire pendant le règne de Napoléon, quatorze sont situés en Italie, neuf en Hollande, huit en Allemagne et un en Suisse ; ils offrent une population de 9,930,499 habitans, et étendaient les frontières de l'empire au Midi, jusqu'au royaume de Naples ; au Nord , jusqu'au Danemarck. Les villes les plus remarquables étaient Rome , Florence , Gênes , Turin , Amsterdam et Hambourg.

Les traités de Paris de 1814 et de 1815 , ont ôté à la France quarante quatre départemens , et environ 14,000,000 d'habitans. De toutes ses conquêtes et réunions, il ne lui est resté que le comtat Venaissin et Avignon.

CHAPITRE V.

POPULATION DES ÉTATS SOUMIS A LA MONARCHIE
DE L'EMPEREUR NAPOLÉON.

L'EMPIRE français 42,365,000
Le royaume d'Italie 6,663,000
Provinces Illyriennes 1,531,000
République de Saint-Marin . . . 7,000
Naples 5,990,000
Espagne 10,600,000
Lucques et Piombino 179,000
Neufchâtel 44,000
Bénévent 20,000
Ponte-Corvo 6,000
Suisse 1,434,000
Confédération du Rhin. *Collége des
Rois*, composé des états des rois
de Bavière, de Westphalie , de
Saxe, de Wirtemberg, de ceux des
grands ducs de Warsovie , de Bade,
de Hesse , de Francfort, de Wurtz-

TOTAL . . . 68,839,000

Ci-contre . . . 68,839,000

bourg et de Berg 15,513,000

Collége des Princes, composé des états des princes de Saxe, d'Anhalt, de Schwarzbourg, de la Lippe , de Mecklembourg , de Waldeck, de Nassau, etc., etc. . . 1,634,000

TOTAL GÉNÉRAL . . . 85,986,000

TROISIÈME PARTIE.

POLICE DES POUVOIRS.

CHAPITRE I.er

SÉNAT.

(Voyez dans les différens actes des Constitutions, les Titres et Articles relatifs au Sénat.)

Sénatus-consulte relatif à la tenue des séances et à l'ordre des délibérations du sénat.

Du 12 fructidor an X, (30 août 1802.)

Les consuls convoquent le sénat et indiquent les jours et les heures des séances. — Les orateurs du gouvernement adressent la parole au sénat et les sénateurs l'adressent aux consuls. — Les délibérations sur toutes sortes de matières et les nominations des secrétaires et des commissaires se feront toujours à la majorité absolue ; lorsque la délibération aura lieu sur un projet de sénatus consulte organique, il faudra pour la majorité les deux tiers des voix. — Quand le premier consul ne préside pas, il désigne celui des deux autres consuls qui doit le remplacer. — Quand il ne s'agit que d'élire des membres du sénat, des députés, des tribuns, des membres du tribunal de cassation, des commissaires de la comptabilité, le premier consul peut désigner un sénateur pour présider la séance ; ce sénateur prend le titre de vice-président et la durée de ses fonctions est limitée aux séances pour lesquelles il est désigné.

Du 14 *nivose an XI*, (4 janvier 1801.)

Sénatus-consulte portant création de sénatoreries et réglement sur l'administration économique du sénat.

Il y aura une sénatorerie par arrondissement de tribunal d'appel. — Chaque sénatorerie sera dotée d'une maison et d'un revenu annuel en domaine nationaux de 20 à 25,000 francs de rente. — Elles seront possédées à vie et les titulaires devront y résider au moins trois mois chaque année. — Ils rempliront les missions extraordinaires que le premier consul jugera à propos de leur confier dans leur arrondissement, et lui en rendront compte directement. — Le revenu de la sénatorerie tiendra lieu au sénateur nommé de toute indemnité pour frais de déplacement et dépense de représentation.

Le sénat aura deux préteurs, un chancelier et un trésorier pris dans son sein pour son administration économique, l'ordre et la police extérieure et intérieure et sa comptabilité. — Les préteurs seront chargés de tous les détails relatifs à la garde du sénat, la police et l'entretien de son palais, de ses jardins et du cérémonial. — Le chancelier aura sous son administration les archives où seront déposés les titres de propriété du sénat ; il surveillera la bibliothèque, la galerie de tableaux, etc. ; délivrera les certificats de vie et de résidence et les passe-ports aux sénateurs, apposera le sceau du sénat à tous les actes qui en seront émanés.—Le trésorier sera chargé des recettes et des dépenses et de la comptabilité. — La dotation du sénat, pour traitement des sénateurs, entretien, réparations et autres dépenses sera d'une somme annuelle de quatre millions, à prendre sur le produit des forêts nationales. — Il sera affecté au sénat dans le courant de l'an XII, des biens nationaux affermés pour un revenu annuel d'un million ; ils seront pris dans les départemens de la Sarre, etc ; ils seront administrés par le sénat et le revenu sera versé dans sa caisse. Un conseil d'administration présidé par le premier consul, arrêtera le compte des dépenses de toute nature et fixera, s'il y a lieu, sur les revenus du sénat, les sommes qui seront prises pour assurer une subsistance honnête aux familles des sénateurs après leur mort.

Sénatus-consulte *du 8 frimaire an XII*, (30 novembre 1806,) portant réglement sur l'entrée en possession et le mode d'administration des domaines affectés à la dotation du sénat et des biens formant celle des sénatoreries.

————— Du 30 pluviose an XIII, (19 février 1805,) relatif aux changes, ventes ou concessions à longues années, des biens affectés au sénat et aux sénatoreries.

————— Du 6 germinal an 10, (27 mars 1805,) qui autorise la caisse d'amortissement à acquérir les domaines affectés à la dotation du sénat dans les quatre départemens de la rive gauche du Rhin.

————— Du 21 mars 1806, autorisant la caisse d'amortissement à acquérir les domaines affectés à la dotation du sénat dans les départemens de la Doire, etc.

————— *Id.* sur le mode de translation du titulaire d'une sénatorerie à une autre vacante par décès.

————— Du 14 août 1806, portant création d'une sénatorerie à Gênes.

————— *Id.* qui cède l'Odéon au sénat.

CHAPITRE II.

CORPS LÉGISLATIF.

(**Voyez** dans la *Constitution de la république* du 22 frimaire an VIII , dans le *Sénatus-consulte organique de la constitution* du 16 thermidor an X , et dans le *Sénatus-consulte organique, qui confère à Napoléon Bonaparte le titre d'Empereur des Français,* du 28 floréal an XII , les dispositions relatives au corps législatif.)

Sénatus-consulte du 22 ventose an X , relatif à la manière dont sera fait le renouvellement des quatre premiers cinquièmes du corps législatif , et du tribunat en l'an X , et dans les trois années subséquentes.

Acte du sénat , du 27 ventose an X , contenant la liste de deux cent quarante membres , élus pour continuer l'exercice de leurs fonctions au corps législatif.

Sénatus-consulte du 8 fructidor an X , relatif à la classification des membres du corps législatif en série, et au mode de réduction des membres du tribunat.

————— 8 fructidor an X , relatif aux termes dans lesquels sera rédigé le sénatus-consulte , qui prononcera la dissolution du corps législatif et du tribunat.

————— 28 frimaire an XII , sur l'ouverture des sessions du corps législatif , sa formation en comité général , la nomination du président , des questeurs , etc. , etc. ; celle des membres de la légion d'honneur.

TITRE I. Le premier consul fera l'ouverture de chaque session du corps législatif. — Il désignera douze membres du sénat pour l'accompagner , et sera reçu par une députation de vingt quatre membres du corps législatif ; cette députation sera conduite par le président. — Les tribuns et les membres du conseil d'état seront présens. — Le premier consul recevra le serment des nouveaux membres du tribunat et du corps législatif. — Les conseillers d'état feront ensuite les communications que le gouvernement aura arrêtées , et la séance sera levée.

II. Le premier consul nommera le président du corps législatif, sur une présentation de candidats qui seront élus au scrutin secret , et à la majorité absolue. — Ces candidats seront présentés dans le cours de la session annuelle pour l'année suivante et le gouvernement les désignera à l'époque de la session. — Il sera pris un candidat dans chacunes des séries qui devront rester l'année suivante. — Si à l'ouverture de la session le premier consul n'a pas fait de choix, le corps législatif présentera à sa pemière séance un cinquième candidat pris dans la série entrante, et le consul choisira dans les cinq candidats. — Le président pourra être nommé candidat, et choisi par le consul l'année suivante. — Le sceau du corps législatif sera déposé chez lui; les expéditions des lois décrétées par le corps législatif ne seront scélées qu'en sa présence. — Il logera au palais du corps législatif, aura la garde d'honneur sous ses ordres, et recevra les messages du gouvernement; il aura en cas de vacance la nomination des emplois du corps législatif. — A l'ouverture de chaque session, le corps législatif nommera au scrutin secret à la majorité absolue, quatre vice-présidens et quatre secrétaires; ils seront renouvellés tous les mois.

III. Sur douze candidats choisis par le corps législatif, le premier consul nommera quatre questeurs, dont deux seront renouvelés chaque année sur une désignation de six candidats. — Ces questeurs seront chargés de recevoir les fonds affectés au dépenses du corps législatif, et de payer ses dépenses; ils seront aussi membres du conseil d'administration, qui se composera du président et des vice-présidens. — La délivrance des mandats de paiement, les fonctions relatives à l'administration et à la police du palais du corps législatif, et toutes celles dont les questeurs pourront être chargés, seront réparties entre eux, par le conseil d'administration.

IV. (Dispositions particulières et transitoires sur la session de l'an XII.)

V. Toutes les fois que le gouvernement aura fait au corps législatif une communication qui aura un autre objet que le vote de la loi, il se formera en comité général, pour délibérer sa réponse. — Si il désire quelques renseignemens sur la communication que le gouvernement lui aura faite, il pourra par une délibération préalable charger son président d'en faire la demande. — Les délibérations du corps législatif seront prises à la majorité des voix, sans nomination de commission, ni de rapporteur. — Les délibérations prises sur des communications qui auront un autre objet que le vote de la loi, seront portées au gouvernement, par une députation composée du président qui portera la parole, de deux vice-présidens et de vingt membres. — Les délibérations prises en comité général seront consignées par les secrétaires dans des procès-verbaux qui seront rédigés sur un registre déposé chez le président.

VI. Le grand conseil de Légion d'Honneur ne sera completté qu'à la paix. — Ses membres seront nommés par le premier consul, sur la présentation de trois candidats choisis par les corps auxquels auront appartenus les membres dont les places se trouveront vacantes et pris dans leur sein.

Sénatus-Consulte, du 22 février 1806, qui nomme les députés des départemens des Apennins, de Gênes et de Montenotte.

————— 22 février 1806, sur les renouvellemens successifs des députations au corps législatif.

————— 28 avril 1807, qui prolonge les pouvoirs des députés nommés pour les départemens des Apennins, de Gênes et de Montenotte.

Sénatus-consulte, du 19 août 1807, concernant l'organisation du corps législatif (après la suppression du tribunat.)

A l'avenir la discussion préalable des lois qui était faite par les sections du tribunat, se fera par trois commissions du corps législatif sous le titre

la 1.ere, de commission de législation civile et criminelle; la 2.e, de commission d'administration intérieure; la 3.e de commission des finances. (Suivent
différens articles réglementaires sur la formation
de ces commissions.)

A l'avenir nul ne pourra être nommé membre
du corps législatif, à moins qu'il n'ait quarante ans
accomplis.

———— 2 février 1808 , qui annulle l'élection
du sieur Feuillant au titre de candidat.

———— Idem relative au sieur Rigault.

———— 19 février 1808, *Idem* relative aux sieurs
Gaudin , Portier et Despérichons.

———— 21 septembre 1808, qui nomme les députés du Taro.

———— *Idem* qui annulle les élections des sieurs
Mongiardino et Tanlongo, au titre de candidats.

———— *Idem* contenant la désignation des candidats appelés à faire partie de la présentation du
département du Morbihan.

———— 2 novembre 1808, qui augmente le nombre des députés à fournir au corps législatif par
les Basses-Pyrénées.

———— 18 avril 1809, qui annulle l'élection du
sieur Noaro au titre de candidat.

———— *Idem* relative au sieur Guislain-Duwoos.

———— 5 juillet 1809, qui nomme les députés de l'Arno, de la Méditerranée et de l'Ombrone.

———— 30 décembre 1809, qui proroge dans leurs fonctions au corps législatif les députés de la cinquième série jusqu'à la fin de la session.

———— 19 février 1811, qui nomme le sieur Charles de Rivas, député pour le département du Simplon.

———— *Idem* qui fixe le nombre des députés de l'Yssel supérieur.

———— *Idem* qui nomme les députés pour les départemens des Bouches de l'Escaut, etc.

———— 23 février, qui nomme les députés pour les départemens de Rome et de Trasimène.

———— *Idem* qui nomme le sieur de Galen député de l'Yssel supérieur.

Sénatus-consulte du 27 avril 1811, qui annulle l'élection du sieur Bertani au titre de candidat.

———— *Idem* relative au sieur Malchiodi.

———— 8 avril 1812, qui nomme les députés de l'Ems supérieur, etc.

———— 8 janvier 1813, portant que les députés de la quatrième série exerceront leurs fonctions pendant la prochaine session.

———— *Idem*, qui annulle l'élection du sieur Thomas au titre de candidat.

———— *Idem* pour le sieur Miconi.

———— 15 novembre 1813, qui prolonge une seconde fois la durée des fonctions des députés de la quatrième série.

———— *Idem*, concernant la présidence, etc. L'empereur nomme à la présidence du corps législatif. — Le sénat et le conseil d'état assistent en corps aux séances impériales du corps législatif en vertu de lettres closes.

CHAPITRE III.

ORDRE JUDICIAIRE.

Le sénat conservateur, etc., considérant que par l'art. 68 de l'acte des constitutions du 22 frimaire an 8, les juges ne conservent leurs fonctions à vie qu'autant qu'ils sont maintenus sur les listes d'éligibles ;

Qu'il importe de suppléer pour le passé cette imprévoyance de la loi, et que pour l'avenir il est nécessaire, avant d'instituer les juges d'une manière irrévocable, que la justice de sa majesté l'empereur soit éclairée sur leurs talents, leur savoir, leur moralité, etc.

Décrète ce qui suit :

A l'avenir les provisions qui instituent les juges à vie, ne seront délivrées qu'après cinq années d'exercice, s'il est reconnu qu'ils méritent d'être maintenus dans leurs places.

Dans le courant de 1807, il sera procédé à l'examen des juges qui seraient signalés pour incapacité, inconduite ou déportemens.

Cet examen sera fait sur un rapport du grand-juge à une commission de dix sénateurs. D'après cet examen il sera présenté, avant le premier mars 1808, à l'empereur, un avis motivé dans lequel la commission désignera les juges dont elle estime que la nomination doit être revoquée. L'empereur prononcera.

CHAPITRE IV.

FORCE ARMÉE.

---

§ I.er GARDE NATIONALE.

Du 2 vendémaire an 14. (septembre 1805.)

Les gardes nationales seront réorganisées par décrets impériaux. — L'empereur nommera les officiers ; il déterminera l'époque où la nouvelle organisation sera effectuée dans chacun des départemens, arrondissemens, et cantons de l'Empire. — Les gardes nationales seront employées au maintien de l'ordre dans l'intérieur et à la défense des frontières et des côtes. — Les places fortes sont spécialement confiées à leur honneur et à leur bravoure. — Quand les gardes nationales auront été requises pour un service militaire, il leur sera compté comme tel et leur en assurera les avantages et les droits.

Du 13 mars 1812.

La garde nationale de l'Empire se divise en pre-

mier ban, second ban, et arrière-ban. — Le
premier ban se compose des hommes de vingt à
vingt-six ans, qui n'ont point été appelés à l'armée active. — Le second ban se compose de tous
les hommes valides depuis 26 ans jusqu'à 40 ans.
— L'arrière-ban se compose de tous les hommes
valides de 40 à 60 ans. — Les hommes composant
les cohortes du premier ban se renouvellent par
sixième chaque année. — L'organisation du second
ban et de l'arrière-ban sera réglée par un sénatus-
consulte ; jusque là les lois relatives à la garde
nationale sont maintenues en vigueur. — Le premier
ban de la garde nationale ne doit pas sortir du
territoire de l'empire : il est exclusivement destiné
à la garde des frontières, à la police intérieure et
à la conservation des grands dépôts maritimes, ar-
sénaux, places fortes.

Cent cohortes du premier ban de la garde nationale sont mises à la disposition du ministre de
la guerre. — Les hommes qui se sont mariés
avant la publication du présent sénatus-consulte,
ne seront pas désignés pour faire partie des cohortes.

Du 11 *janvier* 1813.

(Extrait d'un sénatus-consulte qui met 350,000
hommes à la disposition du ministre de la guerre.)

Cent mille hommes formant les cent cohortes du premier ban de la garde nationale sont appelés à faire partie de l'armée active et cesseront de faire partie de la garde nationale.

Du 3 avril 1813.

(Extrait d'un sénatus-consulte qui met 180,000 hommes à la disposition du ministre de la guerre, et qui règle qu'il sera pourvu à la défense des frontières de l'Ouest et du Midi par les gardes nationales sédentaires.)

Titre III. Quatre-vingt mille hommes de la conscription pris dans le premier ban de la garde nationale sont mis à la disposition du ministre de la guerre, pour le recrutement et la formation de l'armée.

Titre IV. Afin de rendre disponibles les quatre-vingt-dix mille hommes de la conscription de 1814, destinés à la défense de l'Ouest et du Midi, il y sera pourvu par les gardes nationales sédentaires. — L'empereur confie la défense des chantiers du Texel, des Bouches de la Meuse, d'Anvers, de Flessingue, de Cherbourg, de Brest, de l'Orient, de Rochefort de Toulon, aux gardes nationales de ces départements. — En conséquence la garde nationale sera organisée de manière à présenter une force de 90,000 à 180,000 hommes effectifs

et toujours disponibles. — Elle sera divisée en
six arrondissemens et six sénateurs présideront
à leur organisation et en prendront le commande
ment. — Dans chaque arrondissement 1500 à 3000
grenadiers et chasseurs seront temporairement mis
en activité et placés sur les points où leur présence sera jugée nécessaire.

§ 2.ᵉ CONSCRIPTION ET LEVÉES D'HOMMES.

Du 2 *vendémaire an* XIV *, (septembre* 1805.)
Quatre-vingt mille conscrits seront levés en l'an
1806. Ils seront pris parmi les français nés
depuis le 23 septembre 1785, jusques et compris le 31 décembre 1806. . . . 80,000 h.

Du 4 *décembre* 1806.
Qatre-vingt mille conscrits seront
levés en 1807. 80,000
Du 7 *avril* 1807.
Quatre-vingt mille conscrits de la
conscription de 1808, sont mis à
la disposition du gouvernement. 80,000
Du 21 *janvier* 1808.
Quatre-vingt mille conscrits de la
conscription de 1809, sont mis
à la disposition du gouvernement. 80,000
Du 10 *septembre* 1808.
                    Total . . . 320,000 h.

Ci-contre. . . 320,000 h.

Il est mis à la disposition du gouvernement quatre-vingt mille conscrits, qui seront répartis sur les
classes de 1806, 1807, 1808,
et 1809. 80,000

Les conscrits de ces différentes années, mariés avant la publication
du présent sénatus-consulte, ne
concourront pas à la formation
du contingent de ces 80,000
hommes. — Les conscrits des
classes des années VIII, IX, X,
XI, XII, XIII et XIV, qui
n'ont pas été appelés, sont libérés, et il ne sera levé sur ces
classes aucun nouveau contingent.

Il est également mis à la disposition
du gouvernement quatre-vingt
mille conscrits, sur la classe de
1810. 80,000

Du 25 avril 1809.

Trente mille conscrits de la classe
de 1810, sont mis à la disposition
du gouvernement. 30,000

Dix mille conscrits seront pris sur
____
                  Total. . 510,000 h.

Ci-contre. . 510,000 h.

les classes de 1806, 1807, 1808,
1809, pour faire partie des régi-
mens de la garde impériale. . .   10,000

Du 5 octobre 1809.

Il est mis à la disposition du gouvernement trente-six mille conscrits, qui seront pris dans les
classes de 1806, 1807, 1808,
1809 et 1810. — Il ne sera
levé sur ces classes, aucun nouveau contingent, et ceux des
conscrits de ces classes qui n'auront été appelés, ni pour le contingent de ces 36,000 h., ni
pour les contingens levés précé-
demment, seront libérés. . .   36,000

Du 3 décembre 1810.

Cent-vingt mille hommes de la conscription de 1811, sont mis à la
disposition du ministre de la
guerre.   120,000

Du 13 décembre 1810.

Les cantons littoraux des trente
départemens, ci-après désignés,
cesseront de concourir à la conscription pour l'armée de terre,

Total. . . 676,000 h.

      Rapport. . . 676,000 h.
et seront réservés pour la conscription du service de mer.
— Les trente départemens dans
lesquels les arrondissemens maritimes seront réservés sont : Alpes maritimes, Apennins, Aude, etc.

Dix-mille conscrits de chacune des
  classes de 1813, 1814, 1815 et
  1816, sont dès à présent, mis à
  la disposition du ministre de la
  Marine. 40,000
  (Un sénatus-consulte du 19 février
    1811, a ordonné, que les cons-
    crits des arrondissemens mari-
    times, déterminés par le sénatus-
    consulte du 13 décembre 1810,
    appartenants aux classes de 1811
    et 1812, concourront avec ceux
    des classes de 1813, 14, 15 et
    16, à former le nombre des
    40,000 conscrits.)
  Du 20 décembre 1811.

Cent-vingt mille hommes de la
  conscription de 1812 sont mis à
  la disposision du ministre de la
        Total. . 716,000 h.

Ci-contre. 716,000 h.

guerre. 120,000

Du 13 mars 1812.

La garde nationale de l'empire se
divise en premier ban, second
ban et arrière-ban. — Le premier ban se compose des hommes de vingt à 26 ans, qui appartiennent aux six dernières classes
de la conscription mises en activité, et qui n'ont point été appelés
à l'armée active. — Ce premier
ban ne doit pas sortir du territoire de l'empire. Cent cohortes
du premier ban sont mises à la
disposition du ministre de la
guerre. 100,000

Du 1.ᵉʳ septembre 1812.

Cent vingt mille hommes de la conscription de 1813, sont mis à la
disposition du ministre de la
guerre. 120,000

Dix-sept mille hommes pris sur la
conscription de 1813, parmi
ceux qui n'auront point été appelés à faire partie de l'armée active, seront destinés à rempla-

Total. . 1,056,000 h.

Rapport. . 1,056,000 h.

cer les hommes manquant au complet des cohortes du premier ban , mis à la disposition du ministre de la guerre. 17,000

Du 11 janvier 1813.

Cent mille hommes forment les cent cohortes du premier ban de la garde nationale : (Voyez le sénatus-consulte du 13 mars 1812.)

Cent mille hommes des conscriptions de 1809, 1810, 1811 et 1812 pris parmi ceux qui n'auront pas été appelés à faire partie de l'armée active. 100,000

Cent cinquante mille hommes de la conscription de 1814 sont mis à la disposition du ministre de la guerre 150,000

Du 3 avril 1813.

Une force de cent quatre-vingt mille hommes est mise à la disposition du ministre de la guerre. . . . 180,000

Savoir :

10,000 h. de gardes d'honneur à cheval.

Total. . 1,503,000 h.

Ci-contre. . 1,503,000 h.

80,000   qui seront appelés sur le premier ban de la garde nationale.

90,000   de la conscription de 1814.

— Les dix mille hommes de garde d'honneur à cheval formeront quatre régimens. — Les hommes composant lesdits régimens devront s'habiller, s'équiper et se monter à leurs frais. — Ils auront la solde des chasseurs de la garde. — Après douze mois de service dans lesdits régimens ils auront le grade de sous-lieutenant. — Lorsqu'après la campagne, il sera procédé à la formation de quatre compagnies de gardes du corps, une partie de ces compagnies sera choisie parmi les gardes d'honneur qui se seront le plus distingués.

Du 24 août 1813.

Trente mille hommes pris sur les classes de 1814, 1813, 1812 et antérieures, dans les départemens ci-après : Ardèche, Avey-

Total. . . 1,503,000 h.

Rapport. . 1,503,000 h.

ron, Gard, etc., (25 départemens situés entre le Rhône, la Loire et les Pyrennées) sont mis à la disposition du ministre de la guerre pour être repartis entre les corps de l'armée d'Espagne. .   50,000

Du 9 octobre 1813.

Deux cent quatre-vingt mille conscrits sont mis en activité et à la disposition du ministre de la guerre.   280,000

Savoir :

10,000 h. sur les classes de 1814 et antérieures, pris dans les départemens désignés ci – après : Ain, Aisne, Allier, etc., (tous les départemens qui n'avaient pas concouru à la formation du contingent de la levée de 50,000, levés en vertu du sénatus-consulte du 24 août 1813.)

160,000 sur la conscription de 1815.

Du 15 novembre 1813.

Total. . 1,813,000 h.

Ci-contre. . . 1,813,000 h.

Considérant que l'ennemi a envahi les frontières de l'empire du côté des Pyrénnées et du Nord ; que celles du Rhin et d'au-delà des Alpes sont menacées :

Trois cent mille conscrits pris dans les clases des années XI, XII, XIII, XIV, 1806, 1807 et années suivantes, jusques et compris 1814, sont mis à la disposition du ministre de la guerre. — 150,000 hommes seront levés sans délais. — 150,000 autres ne le seront que dans le cas seulement où la frontière de l'Est serait envahie. — Il sera formé des armées de réserve à Bordeaux, Metz, Turin, Utrecht et autres points où elle pourront être jugées nécessaires. — Les conscrits mariés seront dispensés, etc. 300,000

Total des hommes mis à la disposition du gouvernement par le sénat depuis le mois de septembre 1805 jusqu'au 15 novembre 1813. . . . . 2,113,000 h.

CHAPITRE V.

RELATIONS DIPLOMATIQUES.

§ Ier. TRAITÉS DE PAIX, D'AMITIÉ, D'ALLIANCE, DE COMMERCE ET DE NEUTRALITÉ.

------

30 *thermidor an* 8, (17 août 1800.)

Traité de paix entre la république française et la régence d'Alger.

8 *vendémiaire an* 9, (30 septembre 1800.)

Traité d'amitié et de commerce avec les États-Unis d'Amérique.

20 *pluviose an* 9, (9 février 1801.)

Traité de Lunéville. La Belgique et la rive gauche du Rhin sont réunis. Les clauses principales du traité de Campo-Formio sont confirmées, et la Toscane est assurée au duc de Parme.

30 *ventôse an* 9, (21 mars 1801.)

Traité entre la France et l'Espagne. Le duché de Parme, de Plaisance et Guastalla est cédé à la France et y sera réuni après la mort de don

Ferdinand. La Toscane est assurée au prince de Parme avec le titre de *roi d'Étrurie.*

7 germinal an 9, (28 mars 1801.)

Traité de paix signé à Florence avec le roi de Naples. Ce dernier cède à la république, l'île d'Elbe, l'état Degli Présidi, et la principauté de Piombino, et s'engage à fermer ses portes aux Anglais et aux Turcs.

26 *Messidor an* 9, (15 juillet 1801.)

Convention connue sous le nom de *Concordat*, entre le gouvernement français et le pape Pie VII.

6 *fructidor an* 9, (24 août 1801.)

Traité de paix et d'amitié avec l'électeur de Bavière qui renonce à ses anciennes possessions sur la rive gauche du Rhin.

7 *vendémiaire an* 10, (29 septembre 1801.)

Traité de Paix avec le Portugal.

9 *vendémiaire an* 10, (1er octobre 1801.)

Traité de Saint-Ildéfonse avec l'Espagne. La Louisiane est rendue à la France.

16 *vendémiaire an* 10, (8 octobre 1801.)

Traité de paix avec la Russie.

6 *ventose an* 10, (25 février 1802.)

Traité de paix avec la régence de Tunis.

6 *germinal an* 10, (27 mars 1802.)

Traité d'Amiens. L'Angleterre rend ses conquêtes, à l'exception de l'île de la Trinité, de

Tome II.   10

l'île de Ceylan et de quelques possessions hollandai-
ses. La république des Sept-Iles est reconnue; Malte
est rendue à l'ordre de Saint-Jean de Jérusa-
lem, etc.

29 *floréal an* 10, (19 mai 1802.)

Traité de paix avec le duc de Wurtemberg.

6 *messidor an* 10, (25 juin 1802.)

Traité avec la Porte Ottomane. Les rapports
entre la Turquie et la France sont rétablis sur
le même pied où ils étaient avant la guerre ; la
liberté d'entrer et de naviguer dans la mer Noire
est assurée aux vaisseaux français, comme à ceux
des nations les plus favorisées.

2 *thermidor an* 10, (21 juillet 1802.)

Traités entre la France , l'Helvétie et la république italienne qui garantissent l'indépendance
du Valais.

10 *floréal an* 11 , (30 avril 1803.)

Traité avec les États-Unis d'Amérique auxquels
la Louisiane est cédée moyennant indemnité.

8 *frimaire an* 12 , (30 novembre 1803.)

Convention de neutralité entre la France , l'Espagne et le Portugal.

4.e *jour complémentaire de l'an* 13, (29 septembre 1805.)

Convention de neutralité avec le roi de Naples,
qui s'engage à fermer ses ports aux puissances bel-
ligérantes. — Le traité est violé le 20 novembre,

et le 27 décembre Napoléon déclare que la dynastie
de Naples a cessé de régner.

24 *frimaire an 14*, (25 décembre 1805.)

Convention avec la Prusse , conclue à Vienne,
relative au pays d'Anspach , de Clèves, d'Hanovre
et de Neufchâtel.

5 *nivose an 14*, (26 décembre 1805.)

Paix de Presbourg entre la France et l'Autriche.
Venise et ses dépendances , la Dalmatie et l'Al-
banie vénitienne sont réunies au royaume d'Italie.
La principauté d'Eichsteilt et une partie de Passau ;
le Tyrol et Ausbourg sont donnés à l'électeur de
Bavière qui prend le titre de roi , ainsi que l'é-
lecteur de Wurtemberg. Les posssesions autrichiennes en Souabe, le Brisgaw et l'Orteneau
sont réparties entre la Bavière , le Wurtemberg
et Bade. Saltzbourg et Berchtolsgaden sont aban-
données à l'Autriche et la souveraineté de Wurtzbourg est promise à l'électeur de Salzbourg. L'Autriche reconnaît les républiques Bataye et Helveti-
que , ainsi que l'empire français.

12 *juillet* 1806.

Traité d'alliance perpétuelle entre la France et
les princes allemands qui forment la *Confédération du Rhin*. Napoléon est déclaré Protecteur
de cette confédération qui avait une diète à Francfort. Cette diète se composait d'un collége de
rois et d'un collége de princes. Le collége de rois

formé d'abord par les rois de Bavière et de Wurtemberg, les grands ducs de Bade, de Berg et de Darmstadt, et par le prince Primat, président du collége, fut bientôt augmenté par les rois de Saxe et de Westphalie, par les grands ducs de Wurtzbourg, de Hesse et de Francfort. Le collége des princes se formait en 1814, de 27 petits souverains allemands.

20 *juillet* 1806.

Traité de paix avec la Russie. (Il n'est pas ratifié par l'empereur Alexandre.)

11 *décembre* 1806.

Traité de Posen avec la Saxe. L'électeur prend le titre de roi, et accède à la confédération du Rhin.

15 *décembre* 1806.

Traité signé à Posen avec cinq princes de la maison de Saxe, branche Ernestine. Ils accèdent à la confédération du Rhin.

12 *mars* 1807.

Traité par lequel les princes deNassau, Usingen et Nassau, Weilbourg cèdent Castel et Kostheim à l'empire français.

18 *avril* 1807.

Traité d'admission dans la confédération du Rhin, des princes d'Anhalt, de Schwarlebourg, de la Lippe, de Rénss et de Waldeck, signé à Warsovie.

7 juillet 1807.

Paix de Tilsitt Premier traité entre la France et la Russie : la Pologne prussienne ou Prusse Orientale située entre le Bug, la Hossusna, le Bobra, la Narew, la Lisa etc., est cédée à la Russie qui reconnaît Joseph pour roi de Naples ; Louis, roi d'Hollande ; Jérôme, roi de Wesphalie. La seigneurie de Jeyer est réunie à la Hollande.

Deuxième traité entre la France et la Prusse.

La Prusse abandonne toutes ses possessions en deçà de l'Elbe, ainsi que la partie de la Pologne, dont la Russie eut une portion et dans l'autre forma avec le cercle de Cotbus le grand duché de Warsovie. Dantzick est rendu libre, etc.

10 *octobre* 1807.

Traité avec l'Autriche signé à Fontainebleau. Il fixe les frontières de l'Autriche et du royaume d'Italie.

16 *octobre* 1807.

Traité d'alliance avec le Danemarck.

11 *novembre* 1807.

Traité entre la France et la Hollande. Flessingue et les pays environnans sont réunis à l'Empire et la Hollande a pour indemnité le Jéverland cédé par la Ruisse par le traité de Tilsitt et l'Ostfrise.

3 *janvier* 1808.

Traité par lequel les seigneuries d'Elten, d'Essen et de Werden, le comté de la Mark et Lippstadt,

la principauté de Munster et Cappenberg, etc.,
sont cédés en toute souveraineté à Murat, grand-
duc de Berg.

9 *mai* 1808.

Traité de Bayonne entre Napoléon et Charles IV,
pour la cession de l'Espagne et des Indes.

10 *mai* 808.

Même traité avec le prince des Asturies.

15 *juillet* 1808.

Autre traité de Bayonne. Joachim Murat est
déclaré roi des deux-Siciles et il cède le grand
duché de Berg et de Clèves à Napoléon.

8 *septembre* 1808.

Traité avec la Prusse ; il règle tous les différens
qui s'étaient élevés entre la France et la Prusse.

14 *octobre* 1808.

Traité par lequel le duc de Holstein-Oldembourg
accède à la confédération du Rhin.

29 *novembre* 1808.

Convention de Berlin pour l'évacuation de la
Prusse. Stetin, Custrin et Glogau sont occupés par
des garnisons françaises.

14 *octobre* 1809.

Traité de Vienne entre la France et l'Autriche.

6 *juin* 1810.

Traité de paix avec la Suède.

24 *février* 1812.

Traité entre la France et la Prusse qui se garantissent mutuellement l'intégralité de leurs possessions.

24 *mars* 1812.

Traité d'alliance entre la France et l'Autriche, par lequel ces deux puissances se garantissent l'intégralité de leurs possessions actuelles. Les possessions de la Porte-Ottomane, en Europe, y sont également garanties.

28 *mars* 1812.

Traité avec la Suisse qui renouvelle les Capitulations.

25 *janvier* 1813.

Nouveau Concordat signé à Fontainebleau entre Napoléon et Sa Sainteté.

11 *avril* 1814.

Traité entre Napoléon et les puissances alliées. Napoléon renonce à l'empire français, au royaume d'Italie et à tous autres pays. L'Ile-d'Elbe sera possédée par lui en toute souveraineté et propriété ; il aura en outre un revenu de deux millions de francs. Parme, Plaisance, Guastalla sont donnés en toute propriété et souveraineté à l'impératrice Marie-Louise : ils passeront à son fils et à ses descendans. 2,500,000 francs sont annuellement assurés aux membres de la famille impériale. L'impératrice Joséphine aura un million de revenu. — Il sera formé un établissement convenable hors de France au prince Eugène. Sur les propriétés de Napoléon, lesquelles il abandonne à la couronne, il sera réservé un capital de deux millions pour être employé en gratifications aux personnes qu'il désignera. La garde impériale fournira un détachement pour escorter Napoléon jusqu'au lieu de son embarquement : sur cette escorte il pourra emmener quatre cents hommes, s'ils y consentent. Les troupes polonaises auront la liberté de retourner en Pologne et garderont leurs armes et bagages *comme un témoignage honorable de leurs services.*

§ II. CONCORDAT ENTRE LE GOUVERNEMENT FRANÇAIS ET LA COUR DE ROME.

Le gouvernement de la république française reconnaît que la religion catholique, apostolique et romaine est la religion de la grande majorité des Français.

S. S. reconnaît également que cette même religion a retiré et attend encore en ce moment le plus grand bien et le plus grand éclat de l'établissement du culte catholique en France et de la profession particulière qu'en font les consuls de la république.

En conséquence, etc., ils sont convenus de ce qui suit :

I. La religion catholique, apostolique et romaine

sera librement exercée en France. Son culte sera
public, en se conformant aux réglemens de police
que le gouvernement jugera nécessaires pour la
tranquillité publique.

II. Il sera fait par le saint siége, de concert avec
le gouvernement, une nouvelle circonscription des
diocèses français.

III. S. S. déclarera aux titulaires des évêchés
français, qu'elle attend d'eux, avec une ferme
confiance, pour le bien de la paix et de l'unité,
toute espèce de sacrifice, même celui de leurs
siéges.

D'après cette exhortation, s'ils se refusaient à
ce sacrifice commandé par le bien de l'église (refus
néanmoins auquel S. S. ne s'attend pas) il sera
pourvu par de nouveaux titulaires, au gouvernement des évêchés de la circonscription nouvelle,
de la manière suivante :

IV. Le premier consul de la république nommera, dans les trois mois qui suivront la publication de la bulle de Sa Sainteté, aux archevêchés
et évêchés de la circonscription nouvelle : S. S.
conférera l'institution canonique suivant les formes
établies par rapport à la France, avant le changement du gouvernement.

V. Les nominations aux évêchés qui vaqueront
dans la suite, seront également faites par le premier consul; et l'institution canonique sera donnée

par le saint siége , en conformité de l'article précédent.

VI. Les évêques , avant d'entrer en fonctions ,
prêteront directement entre les mains du premier
consul le serment de fidélité , qui était en usage
avant le changement de gouvernement , exprimé
dans les termes suivan :

« Je jure et promets à Dieu , sur les saints
» Evangiles , de garder obéissance et fidélité au
» gouvernement établi par la constitution de la
» république française. Je promets aussi de n'avoir
» aucune intelligence , de n'assister à aucun
» conseil , de n'entretenir aucune ligue , soit au-
» dedans , soit au-dehors , qui soit contraire à la
» tranquillité publique ; et si , dans mon diocèse
» ou ailleurs , j'apprends qu'il se trame quelque
» chose au préjudice de l'état , je le ferai savoir au
» gouvernement. »

VII. Les ecclésiastiques du second ordre prêteront le même serment entre les mains des autorités
civiles désignées par le gouvernement.

VIII. La formule de prière suivante sera récitée
à la fin de l'office divin , dans toutes les églises
catholiques de France.

Domine , salvam fac republicam ,
Domine , salvos fac consules !

IX. Les évêques feront une nouvelle circonscription des paroisses de leurs diocèses, qui n'aura d'effet que d'après le consentement du gouvernement.

X. Les évêques nommeront aux cures. Leur choix ne pourra tomber que sur des personnes agréées par le gouvernement.

XI. Les évêques pourront avoir un chapitre dans leur cathédrale et un séminaire pour leur diocèse, sans que le gouvernement s'oblige à les doter.

XII Toutes les églises métropolitaines, cathédrales, paroissiales et autres non-aliénées, nécessaires au culte, seront mises à la disposition des évêques.

XIII. S. S. pour le bien de la paix et l'heureux rétablissement de la religion catholique, déclare que ni elle, ni ses successeurs, ne troubleront en aucune manière les acquéreurs des biens ecclésiastiques aliénés, et qu'en conséquence, la propriété de ces mêmes biens, les droits et revenus y attachés, demeureront incommutables entre leurs mains ou celles de leurs ayans cause.

XIV. Le gouvernement assurera un traitement convenable aux évêques et aux curés dont les diocèses et les curés seront compris dans la circonscription nouvelle.

XV. Le gouvernement prendra également des mesures pour que les catholiques français puissent, s'ils le veulent, faire en faveur des églises, des fondations.

XVI. S. S. reconnaît dans le premier consul, les mêmes droits et prérogatives dont jouissait près d'elle l'ancien gouvernement.

XVII. Il est convenu entre les parties contractantes, que dans le cas ou quelqu'un des successeurs du premier consul actuel ne serait pas catholique, les droits et prérogatives mentionnées dans l'article ci-dessus et la nomination aux évêchés, seront réglés, par rapport à lui, par une nouvelle convention.

Fait à Paris, le 26 messidor de l'an 9, (15 juillet 1801.)

CONCORDAT DE FONTAINEBLEAU DU 25 JANVIER 1813.

Sa Majesté l'Empereur et Roi, et Sa Sainteté, voulant mettre un terme aux différends qui se sont élevés entr'eux, et pourvoir aux difficultés survenues sur plusieurs affaires de l'église, sont convenus des articles suivans, comme devant servir de base à un arrangement définitif :

ARTICLE I.er Sa Sainteté exercera le pontificat en France et dans le royaume d'Italie, de la même manière et avec les mêmes formes que ses prédécesseurs.

II. Les ambassadeurs, ministres, chargés d'affaires des puissances près le saint père, et les ambassadeurs, ministres, ou chargés d'affaires que le pape pourrait avoir près des puissances étrangères, jouiront des immunités et priviléges dont jouissent les membres du corps diplomatique.

III. Les domaines que le saint père possédait, et qui ne sont pas aliénés, seront exempts de toute espèce d'impôts; ils seront administrés par ses agens ou chargés d'affaires. Ceux qui seraient aliénés seront remplacés jusqu'à la concurrence de deux millions de francs de revenu.

IV. Dans les six mois qui suivront la notification d'usage de la nomination par l'empereur aux archevêchés et évêchés de l'empire et du royaume d'Italie, le pape donnera l'institution canonique, conformement aux concordats et en vertu du présent indult. L'information préalable sera faite par le métropolitain. Les six mois expirés, sans que le pape ait accordé, le métropolitain, et à son défaut, s'il s'agit du métropolitain, l'évêque le plus ancien de la province, procédera à l'institution de l'évêque nommé, de manière qu'un siége ne soit jamais vacant plus d'une année.

V. Le pape nommera, soit en France, soit

dans le royaume d'Italie , à dix évêchés qui seront ultérieurement désignés de concert.

VI. Les six évêchés suburbicaires seront rétablis. Ils seront à la nomination du pape. Les biens actuellement existans seront restitués et il sera pris des mesures pour les biens vendus. A la mort des évêques d'Agnani et de Rieti , leurs diocèses seront réunis aux-dits six évêchés , conformément au concert qui aura lieu entre S. M. et le saint père.

VII. A l'égard des évêques des états romains , absens de leurs diocèses par les circonstances , le saint père pourra exercer en leur faveur son droit de donner des évêchés *in partibus*. Il leur sera fait une pension égale au revenu dont ils jouissaient , et ils pourront être replacés aux siéges vacans soit de l'empire , soit du royaume d'Italie.

VIII. S. M. et S. S. se concerteront en temps opportun sur la réduction à faire , s'il y a lieu , aux évêchés de la Toscane et du pays de Gênes , ainsi que pour les évêchés à établir en Hollande et dans les départemens anséatiques.

IX. La propagande , la pénitencerie , les archives seront établis dans le lieu du séjour du saint père.

X. S. M. rend ses bonnes grâces aux cardinaux , évêques , prêtres , laïcs , qui ont encouru sa disgrâce par suite des événemens actuels.

XI. Le saint père se porte aux dispositions ci-dessus par considération de l'état actuel de l'église et dans la confiance que lui a inspirée Sa Majesté, qu'elle accordera sa puissante protection aux besoins si nombreux qu'a la religion dans les temps où nous vivons.

CHAPITRE VI.

LOIS ET MESURES EXCEPTIONNELLES.

§ I.er HAUTE POLICE.

———

Le sénat conservateur réuni, etc., délibérant sur le message du gouvernement, relatif à l'attentat du 3 nivose, et aux mesures de haute police qu'il nécessite :

Après une seconde lecture des diverses pièces de ce message, etc.

Considérant, qu'il est de notoriété, qu'il existe dans la république et notamment dans la ville de Paris, un nombre d'individus qui se sont souillés des plus grands crimes ;

Que ces individus s'arrogeant le nom et les droits du peuple, ont été et continuent d'être le foyer de tout complot, etc. ;

Que les amnisties, loin de les rappeler à l'obéissance aux lois, n'ont fait que les encourager par l'impunité ;

Que leur présence est une cause continuelle d'alarmes ;

Considérant que, la constitution n'a point déterminé les mesures de sûreté nécessaires à prendre en un cas de cette nature, et que le sénat, interprète et gardien de la constitution, est le juge naturel de la mesure proposée en cette circonstance par le gouvernement, etc., etc.

Par tous ces motifs, le sénat-conservateur déclare :

Que l'acte du gouvernement en date du 14 nivose, est une mesure conservatrice de la constitution.

Acte du gouvernement du 14 nivose.

Seront *mis en surveillance spéciale*, hors du territoire Européen de la république, les citoyens dont les noms suivent :

(Suit une liste de 130 personnes.) (1)

§ 2. Emigrés.

Considérant que la mesure proposée est commandée par la justice, l'intérêt national, et qu'elle est conforme à l'esprit de la constitution. . . . qu'aujourd'hui la paix étant faite au dehors, il im-

______

(1) *Voyez*, dans l'*Introduction*, les réflexions relatives à cet acte de la tyrannie la plus arbitraire, et coloré, comme tous ceux de cette nature, de prétextes qui ne supportent pas l'examen.

porte de la cimenter dans l'intérieur , par tout ce
qui peut rallier les Français , tranquilliser les
familles , et faire oublier les maux irréparable
d'une longue révolution. . . . .
que cette mesure n'a pu être qu'une amnistie
qui fit grâce an plus grand nombre , toujours
plus égaré que criminel , et qui fit tomber la
punition sur les grands coupables , par leur
maintenue définitive sur la liste des émigrés. . .
que les dispositions particulières de l'amnistie ,
en défendant de toute atteinte les actes faits
avec la république , consacrent de nouveau la
garantie des ventes des biens nationnaux.

Le sénat conservateur décrète ce qui suit :

Titre I.er *Dispositions relatives aux personnes des émigrés.*

Amnistie est accordée , pour fait d'émigra-
tion , à tout individu qui en est prévenu , et qui
n'est pas rayé définitivement. — Ceux qui ne
sont point en France seront tenus d'y rentrer
avant le 1.er vendémaire an 12. — Au moment
de leur rentrée , ils déclareront aux commissaires
délégués à cet effet à Calais , Bruxelles , etc. ,
qu'ils rentrent en vertu de l'amnistie. — Cette
déclaration sera suivie du serment d'être fidèle
au gouvernement établi , et de n'entretenir

aucune liaison ni correspondance avec les ennemis de l'état. — Ceux qui auront obtenu des
puissances étrangères, places, titres, décorations, pensions, etc., seront tenus de le déclarer, et d'y renoncer. — A défaut d'avoir
rempli dans les délai donné ces formalités, ils demeureront déchus de la présente amnistie, et
définitivement maintenus sur la liste des émigrés, à moins qu'ils ne justifient d'impossibilité.
— Ceux qui se trouvent sur le territoire français devront faire, dans le mois, à dater de la
publication du présent acte, les déclarations,
sermens et renonciations prescrites ci - des -
sus. — Son exceptés de la présente amnistie à peine d'en perdre le bénéfice 1.º les
individus qui ont été chefs de rassemblemens
armés contre la république ; 2.º ceux qui
ont eu des grades dans les armées ennemies ; 3.º ceux qui depuis la fondation de la
république, ont conservé des places dans les
maisons des ci -devant princes français ; 4.º
ceux qui sont connus pour avoir été, ou pour
être actuellement moteurs ou agens de guerre
civile ou étrangère ; 5.º les commandans de
terre et de mer, ainsi que les représentans du
peuple, qui se seront rendus coupables de
trahison envers la république ; 6.º les archevêques et évêques qui, méconnaissant l'autorité

légitime, ont refusé de donner leur démission. Ces individus sont définitivement maintenus sur la liste des émigrés; néanmoins, le nombre n'en pourra excéder mille. — Les émigrés amnistiés, ainsi que ceux qui ont été éliminés ou rayés, seront pendant dix ans sous la surveillance spéciale du gouvernement, qui pourra, s'il le juge à propos, les obliger de s'éloigner de leur résidence ordinaire. — Les individus soumis à la surveillance, jouiront au surplus, de tous les droits de citoyen.

II. *Dispositions relatives aux biens.*

Les individus amnistiés ne pourront en aucun cas, et sous aucun prétexte, attaquer les partages de présuccession, succession ou autres actes ou arrangemens faits entre la république et les particuliers, avant la présente amnistie. — Ceux de leurs biens qui sont encore entre les mains de la nation (autres que les bois et forêts déclarés inaliénables par la loi du 2 nivose an 4, les immeubles affectés au service public, les droits de propriété ou prétendus tels sur les grands canaux de navigation, les créances qui pouvaient leur appartenir sur le trésor public, et dont l'extinction s'est opérée par confusion, au moment où la république a été saisie de leurs biens, droits et dettes actives,) leur seront rendus sans restitution de fruits.

§ III.

SUSPENSION DU JURY.

Sénatus-consultes portant suspension des fonctions du jury.

Du 26 vendémiaire an XI. (18 octobre 1802.)

Les fonctions du jury seront suspendues pendant le cours de l'an XI et de l'an XII dans les départemens des Côtes du Nord, du Morbihan, de Vaucluse, des Bouches-du-Rhône, du Var, des Alpes maritimes, du Golo, de Liamone, du Pô, de la Doire, de la Sézia, de la Stura, de Marengo, et du Tanaro. — Les tribunaux criminels y seront à cet effet organisés conformément aux dispositions de la loi du 23 floréal an X relatif à la procédure pour crime de faux, sans préjudice du pourvoi en cassation.

Du 8 ventose an XII, (28 février 1804.)

Les fonctions du jury seront suspendues pendant le cours de l'an XII et de l'an XIII, dans tous les départemens de la république pour le jugement des crimes de trahison, attentats contre la personne du premier consul et autres contre la sûreté intérieure et extérieure de la république.

Du 15 thermidor an XII. (3 août 1804.)

Les fonctions du jury seront suspendues pendant le cours de l'an XIII et l'an XIV dans les départemens des Côtes du Nord , etc. (Voyez ci-dessus le sénatus-consulte du 26 vendémiaire an XI.)

Du 27 septembre 1806.

Le sénatus-consulte du 15 thermidor an XII portant suspension des fonctions du jury , dans les départemens.... (Voyez le sénatus – consulte ci-dessus) est prolongé de deux ans pour les départemens du Pô, de la Doire, de la Stura, de Marengo, de la Sézia , du Golo et de Liamone.

Du 10 septembre 1810.

Le sénatus-consulte du 27 septembre 1806 , portant suspension pendant deux années des fonctions du jury dans les départemens.... (du ci-devant Piémont et de la Corse,) est prorogé de deux ans.

Annullation de la déclaration d'un jury.

Du 28 août 1813.

La déclaration donnée le 24 juillet dernier par le jury en faveur des nommés Werbrouck, Lacoste, Biard et Petit, traduits devant la cour la d'assises de Bruxelles , comme accusés d'être auteurs ou complices des dilapidations commises dans la gestion et administration de l'octroi d'Anvers , ainsi que l'ordonnance d'acquittement prononcée par suite de cette déclaration , sont annullées, conformément au paragraphe 4 de l'article 55, titre V de l'Acte des constitutions de l'empire du 16 thermidor an X (4 août 1802.)

En conséquence la cour de cassation renverra ces accusés devant une autre cour impériale qui prononcera ladite accusation en sections réunies et sans jury.

Seront poursuivis devant la même cour et dans les mêmes formes les prevenus du crime de corruption qui a eu lieu dans le procès criminel dont il s'agit. (1)

§ IV.

SUSPENSION DU RÉGIME CONSTITUTIONNEL.

Du 3 avril 1813.

Le régime constitutionnel est suspendu pendant trois mois dans les départemens de l'Ems-supérieur, des Bouches-du-Weser et des Bouches-de-l'Elbe composant la 32.ᵉ division militaire. (A cause de la présence des armées ennemies.)

Du 3 juillet 1813.

Le sénatus-consulte du 3 avril 1813 est prorogé pendant 3 mois.

---

(1) Ici se fait sentir, par le pouvoir extra-constitutionnel du Sénat, une lacune dans l'organisation des fonctions publiques, et singulièrement des fonctions judiciaires. Le Sénat, sous prétexte, ou peut être même par le motif de leur conservation, n'aurait pu tenter de les usurper, si, au sommet de la hiérarchie judiciaire, il eût existé un tribunal suprême qui eût agi sur le fonds des affaires, comme la Cour de cassation connaît de leurs formes. Cette *Cour de Révision* est vivement réclamée par notre restauration constitutionnelle.

CHAPITRE VII.

RÉTABLISSEMENT DU CALENDRIER GRÉGORIEN.

———

A compter du 11 nivose prochain, 1.er janvier 1806, le calendrier grégorien sera mis en usage dans tout l'empire français.

———

TROISIÈME PARTIE.

CHAPITRE UNIQUE.

SITUATION DE L'EMPIRE EN 1813.

POPULATION.

La population totale de l'empire était de 47,700,000.

(L'ancienne France seule avait 28,700,000 : en 1789 elle n'en comptait que 26,000,000.)

AGRICULTURE, MINES, MANUFACTURES, etc.

Le produit moyen des récoltes en blé de l'empire était de 270,000,000 de quintaux, dont il fallait soustraire 40,000,000 de quintaux pour les semences.

Le produit moyen des récoltes en vin se montait à 40,000,000 d'hectolitres.

(On en consommait en France en 1791 environ 16,500,000 hectolitres.)

Sur le produit des vins on en fesait passer à l'alambic 3,800,000 hectolitres qui produisaient 650,000 hectolitres d'eau-de-vie.

Trente trois départemens fournissaient annuellement 10,000,000 d'hectolitres de cidre.

13,750 brasseries produisaient 8,500,000 hectolitres de bierre.

On consommait annuellement 560,000,000 de livres de sel.

L'empire renfermait 8,000,000 d'hectares de bois dont 1,800,000 appartenaient à des particuliers.

Les mines de fer produisaient 2,860,000 de quintaux de fonte en gueuse et 400,000 quintaux de fonte moulée.

(En 1789 elles donnaient 1,960,000 quintaux de fonte en gueuse et 160,000 quintaux de fonte moulée.)

Tous les produits de l'agriculture pouvaient être évalués à 5,031,000,000 francs ; et en réunissant tout ce qui tient à l'agriculture et aux manufactures, la valeur totale des matières que chaque année leur reproduction réelle donnait à nos consommations était au moins de 7,035,000,000 fr.

Ces ressources immenses, jointes à celles que donnait le commerce, permettaient à l'empire de faire face à la fois à une guerre maritime et à deux guerres continentales, d'avoir constamment

900,000 hommes sous les armes, d'entretenir 100,000 hommes matelots ou d'équipages maritimes, d'avoir cent vaissaux de ligne, autant de frégates, à l'entretien et en construction et de dépenser tous les ans 120 à 150 millions en travaux publics.

TRAVAUX PUBLICS.

Depuis que Napoléon Bonaparte avait été proclamé empereur, jusqu'au 1.er janvier 1813, on avait dépensé en travaux publics, 1,005,000,000 francs.

Dont 62,000,000 fr. pour les palais impériaux.

144,000,000 pour les fortifications.

117,000,000 pour les ports.

277,000,000 pour les routes.

51,000,000 pour les ponts.

123,000,000 pour les canaux, etc.

102,000,000 pour les travaux de Paris.

149,000,000 pour les édifices publics des départemens, réparations, etc.

Les canaux auxquels on travaillait alors étaient ceux :

De Saint-Quentin qui réunit le Rhône à l'Escaut ;

De la Somme, qui joindra le canal de Saint-Quentin au port de Saint-Valery ;

De Mons à Condé ;

Du Rhône au Rhin ;

De Bourgogne pour réunir la Saône à la Loire ;

De la Rance, de Saint-Malo à l'embouchure de
la Vilaine ;

De Nantes à Brest ;

De Niort à la Rochelle ;

D'Arle, aboutissant au port de Bouc ;

De la Vallée du Cher.

ADMINISTRATION INTÉRIEURE.

Le revenu des communes et des villes se montait
à 128,000,000 fr.

Dont 65,300,000 était le produit des octrois ;

42,700,000 provenaient de centimes addi-
tionnels et perceptions diverses ;

et 20,000,000 en revenus fonciers.

On comptait dans l'empire plus de 850 villes
dont le revenu était au-dessus de 10,000 fr.

La stabilité du gouvernement et l'établissement
de la nouvelle législation avaient eu une grande
influence sur les travaux judiciaires : le nombre
des procès avait considérablement diminué, surtout les procès criminels ;

En 1801, sur une population de 34 millions, il
y avait eu 8,500 affaires criminelles.

12,400 prévenus, dont 8,000 condamnés : 882
l'avaient été à mort.

En 1811, sur une population de 42 millions, il n'y avait eu que 6,000 affaires criminelles, 600 prévenus, 5,500 condamnés et 392 condamnés à mort.

INSTRUCTION PUBLIQUE.

On comptait :

35 Académies ayant 9,000 auditeurs,

35 Lycées, comptant 18,000 élèves, dont 10,000 externes et 8,000 pensionnaires.

510 Colléges comptant 50,000 élèves, dont 38,000 externes et 12,000 pensionnaires.

1,877 Pensions et institutions particul. 47,000 élèves.

31,000 écoles primaires, 92,000 élèves.

Ainsi plus d'un million de Français recevaient le bienfait de l'instruction publique. Les écoles de Saint-Cyr, de Saint-Germain et de la Flèche recevaient 15,00 jeunes gens qui se préparaient spécialement à suivre la carrière des armes et l'École polytechnique en fournissait chaque année 150 pour les écoles du génie, de l'artillerie, des ponts et chaussées et des mines.

MARINE.

On comptait dans nos ports 100 vaisseaux, dont 65 étaient armés, équipés et approvisionnés pour

six mois. On pouvait facilement armer et équiper
15 à 20 vaisseaux du haut bord chaque année. La
conscription maritime produisait 20,000 matelots
tous les ans.

FORCES DE TERRE.

Elles se composaient de :

20 régimens d'infanterie, garde impériale ;

44 escadrons de cavalerie, *idem* ;

152 régimens d'infanterie de ligne ;

37 régimens d'infanterie légère ;

15 régimens d'artillerie ;

30 bataillons du train ;

90 régimens de cavalerie ;

4 régimens suisses ;

6 régimens étrangers. (1)

---

(1) » Voulez-vous connaître les trésors de Napoléon ? (ré-
pondait-on à lord Bathurst, qui reprochait à l'empereur d'avoir
emporté ou placé sur toutes les banques de l'Europe, des
sommes incalculables.) Ils sont immenses, il est vrai, mais
exposés au grand jour. Les voici : »

» Le beau bassin d'Anvers, celui de Flessingue, capable de
contenir les plus nombreuses escadres et de les préserver des
glaces de la mer ; les ouvrages hydrauliques de Dunkerque,
du Havre, de Nice, le gigantesque bassin de Cherbourg ; les
ouvrages maritimes de Venise, les belles routes d'Anvers à
Amsterdam, de Mayence à Metz, de Bordeaux à Bayonne ;
les passages du Simplon, du Mont-Cénis, du Mont-Genèvre,

de la Corniche, qui ouvrent les Alpes dans quatre directions : ces passages qui surpassent en hardiesse, en étendue, en grandeur, en effort de l'art, et surtout en utilité, tous les travaux des Romains. Les routes des Pyrénées aux Alpes, de Parme à la Spézia, de Savone au Piémont ; les ponts d'Iéna, d'Austerlitz, des Arts, de Sèvres, de Tours, de Roanne, de Lyon, de Turin, de l'Isère, de la Durance, de Bordeaux, de Rouen, etc., etc. ; le canal qui joint le Rhin au Rhône, par le Doubs, unissant les mers de Hollande avec la Méditerranée ; celui qui unit l'Escaut à la Somme, joignant Amsterdam à Paris ; celui qui joint la Rance à la Vilaine ; le canal d'Arles, celui de Pavie, celui du Rhin. Le desséchement des marais de Bourgoin, du Cotentin, de Rochefort. Le rétablissement de la plupart des églises démolies pendant la révolution ; l'élévation d'un grand nombre de nouvelles ; la construction d'un nombre considérable d'établissemens d'industrie, et d'ateliers pour l'extirpation de la mendicité ; la création des dépôts pour le même objet, et pour arriver à ce résultat. L'achèvement du Louvre, la construction des greniers publics, du palais de la Bourse, du canal de l'Ourcq, la distribution de ses eaux dans la ville de Paris, par plusieurs châteaux-d'eau, un certain nombre de fontaines du premier ordre, et un nombre immense de bornes-fontaines ; les nombreux égouts ; quatre mille toises de quais ; les embellissemens et les monumens de cette grande capitale. Les travaux pour l'embellissement de Rome ; le rétablissement des manufactures de Lyon. La création de plusieurs centaines de manufactures de coton, de filature et de tissage, qui emploient plusieurs milliers d'ouvriers. Des fonds accumulés pour créér plus de quatre cents manufactures de sucre de betterave pour la consommation d'une partie de la France, qui auraient fourni du sucre au même prix que celui des Indes, si elles eussent continué d'être encouragées seulement encore quatre ans. La substitution du pastel à l'indigo, qu'on fut venu à bout de se procurer en France, avec la même perfection et à aussi bon marché que cette production des colonies. Nombre de manufactures pour l'usage de toute espèce de procédés d'arts applicables, selon la théorie des sciences anciennes et perfectionnées et des sciences nouvelles. Cinquante millions employés à réparer et à embellir les palais de la couronne. Soixante millions d'ameublemens placés dans les palais de la couronne en France, en Hollande, à Turin, à Rome. Soixante millions de diamans de la couronne, tous achetés avec l'argent de Napoléon. Le *régent* même, le seul qui restât des anciens diamans de la couronne de France, ayant été retiré par lui des mains des juifs de Berlin, auxquels il avait *été* engagé pour trois millions. Le Musée Napoléon, estimé à plus de quatre cents millions, et ne contenant que des objets légitimement acquis, ou par de l'argent, ou par des conditions de traités de paix connus de tout le monde, en vertu desquels ces chefs-d'œuvres furent donnés en commutation de territoires ou de contributions. Plusieurs millions amassés pour l'encouragement de l'agriculture, qui est l'intérêt premier de la France. L'institution des courses de chevaux, l'introduction des mérinos, etc., etc.

» Voilà une partie des trésors de Napoléon : ils se montent à plusieurs milliards et dureront des siècles. » *

* On croit cette énumération empruntée au comte Lascase, ce serviteur, ou plutôt cet ami si dévoué, mais dont l'attachement n'est peut-être pas exempt d'exagération. Il y en a au moins à énoncer comme fait, ce qui est encore à faire, tels que le Louvre, les greniers d'abondance etc., qui, à la vérité, ont été commencés sous l'empire, et que l'esprit de suite de cette époque, et ses ressources financières permettaient de finir. Je n'aime pas surtout qu'on appelle *argent de Napoléon*, celui dont il n'était que l'administrateur, ou ce qui est pis, le conquérant. Un souverain de nouvelle date n'est point excusable d'affecter les prétentions de ces despotes féodaux à qui leurs flatteurs répétaient sans cesse, comme le maréchal de Villeroi au petit Louis XV : voyez, mon prince, tout ce peuple, et ce qu'il possède, est à vous ! — A l'empereur, disaient aussi ces hommes qui n'ont tant vanté en lui *la science du pouvoir*, que pour l'aider à l'exercer ; à l'empereur qui est la patrie personnifiée, appartiennent le dernier homme et le dernier écu.

SUPPLÉMENT.

§ I.er

DIVORCE

ET

SECOND MARIAGE DE NAPOLÉON.

———

Le divorce de Joséphine est le seul de cette nature qu'on puisse trouver dans l'histoire, eu égard à ce qu'il ne produisit pas la moindre altération aux sentimens qu'avaient précédemment l'une pour l'autre les deux familles. On le représente comme un sacrifice (auquel participèrent tant l'époux que l'épouse) fait aux intérêts et à la politique de l'empire.

Le mariage était considéré, en France, comme un sacrement religieux, et pour le dissoudre, il fallait la double intervention de l'autorité civile et de l'église. L'autorité civile compétente pour dissoudre le mariage de la famille régnante, se trouvait, conformément à la constitution de l'empire, résider dans le sénat. Dans une assemblée de famille, les deux parties donnèrent unanimement leur consentement à la dissolution du mariage.

Tome II.   12

Bertrand, qui était présent, dit que cette assemblée, tenue dans les grands appartemens des Tuileries, présentait une scène mouvante très - intéressante, et arracha des larmes aux spectateurs.

Le consentement ayant été vérifié par l'archichancelier, la dissolution du mariage fut prononcée par le sénat. Joséphine quitta les Tuileries et partit pour Malmaison, où tout le superbe ameublement approprié à l'usage de Napoléon dans ce petit, mais délicieux séjour champêtre, lui fut laissé. Elle eut aussi la terre de Navarre, et un douaire de 3 millions de francs, dont elle employa la plus grande partie à l'encouragement des arts et des sciences et à soulager les malheureux. Malmaison est à trois lieues de Paris et à une de Saint-Cloud. Elle devint la résidence constante de Joséphine, et pendant les cinq années, elle ne reçut que trois ou quatre visites de son ci-devant époux, quoique la cour continnât à lui faire régulièrement visite. Les princes de la maison d'Autriche allèrent la voir plusieurs fois quand les alliés furent à Paris. L'on assure que le divorce n'altéra aucunement les sentimens soit d'Eugène, fils de Joséphine, soit d'Hortence, soit de leur beau-père en vers eux. Eugène, vice-roi d'Italie, avait été adopté par Napoléon pour lui succéder au trône d'Italie, à défaut d'héritiers de son sang. On le regardait comme prince du sang italien,

et il lui avait été assigné plus d'un million de livres
sterling sur les fonds d'Italie. Il épousa, en 1806,
la fille du roi de Bavière, que l'on regardait comme
la plus belle et la plus aimable personne de toute
les maisons régnantes. Stéphanie Beauharnais,
nièce de Joséphine, épousa le grand duc de Bade,
beau-frère de l'empereur de Russie, du roi de
Bavière et de l'ex-roi de Suède. Elle eut plusieurs
enfans, et règne actuellement (1817) à Carlsruhe. Il
est singulier que la mère de cette princesse ait été
extrêmement liée avec une dame anglaise nommée
lady Maccarty, à qui elle confia sa fille en mourant, et qui, en conséquence de sa tutelle, dirigea
de Londres son éducation. Sa tutelle et son intervention vinrent à cesser en 1806, lorsque l'enfant,
âgé de 7 ans, fut présenté à Napoléon par sa
femme. Il prit alors à lui la tutelle de Stéphanie
et se chargea de son éducation. Elle lui fut toujours
fort reconnaissante, et conserva pour lui l'affection
d'une fille ; on la dit jolie, spirituelle, et douée
de toute les qualités requises pour la rendre l'or-
nement de son sexe : elle est très aimée à Manheim
et dans le duché de Bade. Une autre nièce de
Joséphine épousa le duc d'Aremberg, la première famille de la Belgique, et qui y possède de
grandes propriétés. Il paraît que ce mariage n'a pas
été aussi heureux que le précédent, par la faute
de la princesse elle-même. Le prince d'Aremberg

commandait un régiment et se distingua beaucoup dans la guerre de la péninsule, où il
fut fait prisonnier par nos troupes, et ensuite
il demeura long-temps en Angleterre. L'on rap-
porte que Napoléon attachait beaucoup d'importance à ce mariage, et qu'il avait l'intention
de faire résider le prince avec la princesse à
Bruxelles, en qualité de gouverneur-général des
Pays-Bas, et de donner, en établissant une petite
cour à Bruxelles, une preuve de l'intérét qu'il
prenait à la Belgique; à cet effet, dit-on, il acheta
lui-même le château de Lacken au prince de
Saxe-Teschen, (1) et le fit meubler magnifique-
ment.

Un neveu de Joséphine épousa une princesse
de la Layen, nièce du prince Primat, une des
maisons les plus illustres de l'Allemagne, et l'on
m'a assuré qu'une autre nièce de Joséphine a été
demandée en mariage par Ferdinand VII, en 1807,
pour être reine d'Espagne, ce qui aurait eu lieu
si, malheureusement pour Napoléon, il n'eût
pris à Bayonne, une autre ligne de politique
(suggérée, dit-on, par T......,) et qui doit assurément être considérée comme l'origine de sa perte.
Mais je m'aperçois que je me suis trop écarté de

____

(1) Le château de Lacken n'appartenait plus au prince de
Saxe-Teschen; il avait été acquis et vendu par une société
particulière de Bruxelles.

mon but primitif, qui était de vous rapporter tout ce que j'ai entendu relativement à ce fameux divorce. Le contrat civil ayant été (comme je vous l'ai déjà dit,) rompu par la décision du sénat, il restait encore le contrat religieux ou le sacrement. La cour épiscopale de Paris s'étant instruite des coutumes en usage d'après les rites de la religion catholique, en prononça la dissolution. La cour de Rome éleva à cette époque quelque prévention d'être informée de ce qui se faisait ; mais les évêques de France déclarèrent que cela était contraire aux priviléges de l'église gallicane, et qu'un souverain, aux yeux de Dieu, n'était pas plus qu'un autre homme, et devait être soumis à la même juridiction. Cette question fut décidée de même par la cour archi épiscopale d'Autriche à Vienne, comme préliminaire à la célébration du second mariage avec l'archiduchesse Marie-Louise d'Autriche : la cour de Rome fut obligée de reconnaître la validité de la dissolution du premier ; néanmoins cela donna lieu à quelques incidens dont je vous ferai part ultérieurement.

Le divorce du chef de l'état français, fit beaucoup de bruit dans les différens états ; ce trône, alors le premier en Europe, était l'objet de l'ambition de presque toutes les maisons régnantes. Trois princesses se présentaient naturellement, une de la maison de Russie , une d'Autriche et une de Saxe.

Je tiens d'une autorité irrécusable , que les premiers engagemens étaient faits avec une princesse russe ; que des dispositions avaient été faites par l'empereur Alexandre lui-même , à Erfurt ; et que tous ceux qui avaient été impliqués dans la révolution française , qui étaient alors autour du trône , craignaient une autrichienne , et préféraient une princesse russe , ou saxonne : tels semblaient être aussi l'inclination et les désirs particuliers de Napoléon ; mais la princesse russe était extrêmement jeune , et il eut par rapport à la religion , des difficultés qui occasionnèrent des retards dans les négociations ; et enfin l'Autriche sut en profiter. Aussitôt qu'on apprit à Vienne , que le trône français était vacant , l'empereur d'Autriche fit appeler le comte de Narbonne , qui se trouvait à Vienne , (il était gouverneur de Trieste ,) et qu'on savait jouir de la confiance particulière de Napoléon. Sa majesté impériale condescendit à causer avec lui familièrement , sur les nouvelles qui occupaient l'attention de tout le monde ; et lorsqu'il se retira , le comte de Métternich , grand chambellan de l'empereur et plusieurs autres seigneurs , lui parlèrent du désir qu'avait la maison d'Autriche , de donner l'archiduchesse Marie-Louise , qui étant de la même religion , et âgée de 19 ans , semblait plus propre à remplir les vues de la France. Les politiques autrichiens espéraient alors pouvoir connaître par là les projets du gouvernement français. Si l'on ne fait pas choix d'une des princesses des maisons régnantes, il sera évident, se disaient-ils, que l'intention de la France est de les conserver.

Immédiatement après, le comte de Narbonne dépêcha un courrier extraordinaire à Paris, avec le détail de tout ce qui s'était passé, et le prince de Schwartzenberg, ambassadeur à Paris, reçut des instructions de sa cour relativement à cette affaire. A cette époque le roi de Bavière était à Paris, et déclara ouvertement son désir qu'on préférât l'alliance avec la maison d'Autriche; il communiqua ce désir à son beau-fils, le prince Eugène, qui, dans le premier conseil tenu à ce sujet, insista fortement sur la nécessité de cette alliance avec la maison d'Autriche, comme devant avoir vraisemblablement plus d'influence qu'aucune autre sur l'esprit des Italiens, des Belges et des Allemands. Il y en avait à cette époque qui désiraient que Napoléon épousât une française, et l'on dit que les raisons qu'ils alléguèrent furent si puissantes qu'elles l'emportèrent *pour un moment.*

Quoiqu'il en puisse être, tous les politiques de France conviennent que, eu égard à l'état de grandeur et de prospérité où se trouvait la France, l'objet le plus important était d'avoir de suite un

héritier ; et l'on m'a assuré qu'un conseil extraordinaire fut tenu , dans lequel , après de longues
discussions , et où les princesses russe , autrichienne , saxonne et même une française , avaient
chacune leurs partisans , trois quarts des voix se
déclarèrent en faveur de la princesse autrichienne ;
qu'à deux heures du matin , le prince Eugène
fut chargé de voir le prince de Schwartzenberg ;
que le ministre des affaires étrangères fut autorisé
à signer avec cet ambassadeur , un contrat de mariage avec l'archiduchesse d'Autriche , en prenant
pour modèle celui de Louis XVI avec Marie-Antoinette ; et qu'ainsi cette négociation fut commencée
et terminée en un jour. Ce sont là quelques par-
ticularités que je crois inconnues , et que j'ai été à
même de recueillir, touchant cette grande alliance.

Relativement à ce que j'avais entendu dire
avant : « que ce mariage avait été décidé à
Vienne , lorsqu'on avait conclu le traité de paix ; »
l'on m'a assuré que j'étais dans une grande erreur ;
et que Napoléon était d'un caractère tel , qu'il aurait rejeté toute idée de faire de son alliance, une
des conditions de la paix.

Il paraît qu'il est fort attaché à Marie-Louise , et
qu'il avait en elle la plus grande confiance ; on la
représente comme une jeune princesse , belle
femme , irréprochable dans sa conduite ; d'un caractère modeste et religieux.

A son voyage à Paris, Napoléon alla jusqu'à Com-
piégne pour la recevoir. Le mariage civil fut célébré
à St. Cloud, et le mariage religieux dans la grande
salle du Musée Napoléon. Après avoir assisté au
mariage civil à St.-Cloud, cinq ou six cardinaux
déclarèrent qu'ils ne pouvaient assister au mariage
religieux par respect pour le saint-siége, qui doit
intervenir dans le mariage des souverains; néanmoins les évêques français et la majorité des cardinaux rejetèrent avec indignation leur excuse, et
même l'on dit que le pape blâma ces cardinaux,
qui furent exilés de Paris, et qu'on appela les
cardinaux stupides. Le concours de toutes les
beautés de l'Europe (à l'exception des Anglaises,)
par la réunion de la reine de Naples et sa cour,
la reine de Westphalie et sa cour, la vice-
reine d'Italie et sa cour, et toutes les dames de la
cour de France, parmi lesquelles se trouvaient les
principales dames de la Belgique, de la Hollande,
du Piémont, de la Toscane et de Rome, embellis-
sait cette cérémonie faite devant tous les évêques
de France, et presque tous les cardinaux. Il n'y a
pas, dans l'histoire moderne, d'exemple d'une pareille réunion. L'empereur d'Autriche y fut repré-
senté par son frère, le grand-duc de Wurtzbourg,
ci-devant grand-duc de Toscane.

La cour de Paris et la ville donnèrent des fêtes
splendides; le prince de Schwartzemberg, ambassadeur, en donna une en l'honneur de son maî-

tre. A cet effet, il fit construire une espèce de salle dans le jardin de son hôtel ; au milieu de la fête des rideaux prirent feu, et en un moment, toute la salle fut en flammes. Napoléon prit sa femme par le bras et se retira avec le prince de Schwartzemberg à une petite distance. Marie-Louise retourna ensuite à St.-Cloud, et demeura dans le jardin jusqu'au matin. La salle fut entièrement consumée, et la princesse de Schwartzemberg, madame d'Aremberg, épouse du frère de l'ambassadeur, qui s'était déjà sauvée de la salle, mais qui, inquiète du sort d'un de ses enfans, était de nouveau rentrée, fut, en cherchant ensuite à sortir par une petite porte qui conduisait dans l'intérieur de l'hôtel, suffoquée et presque entièrement consumée par les flammes. Il y eut une grande inquiétude sur son sort et beaucoup de démarches de faites pendant la nuit ; finalement l'on retrouva le matin ses restes infortunés. Le prince Kourakin, ambassadeur de Russie, fut grièvement brûlé, et environ vingt dames et hommes furent victimes de ce triste événement.

Tous ceux qui avaient été témoins, en 1771, des fêtes données à l'occasion de l'alliance des maisons d'Autriche et de France entre Louis XVI et Marie-Antoinette, se rappelèrent la catastrophe qui eut lieu aux Champs-Elysées à la fête que donna la ville de Paris ; environ 2000 personnes furent écrasées et foulées aux pieds dans les fossés où elles périrent. Elles eurent dans cette occasion un triste pressentiment de la révolution qui, en partie, eut lieu par l'insurrection de la ville de Paris, jeta dans la poussière le trône de Louis XVI, le fit périr sur un échafaud.

Le changement dans la politique de l'Autriche à Dresde, fut sans doute la cause principale des malheurs et de la catastrophe subséquente de Napoléon, et ce fut à la fête donnée par l'ambassadeur de cette même puissance que ce désastreux et fatal présage eut lieu. Quoiqu'on dise que Napoléon n'est pas superstitieux, il en fut cependant grandement frappé ; lorsqu'il poursuivait l'armée autrichienne, le matin avant la bataille de Dresde, il apprit que le prince Schwartzenberg, avait été tué, et dit, « que c'était un brave homme ; il y a cependant quelque chose de consolant dans sa mort, ajouta-t-il, car c'était lui que voulait désigner le fatal présage qui eut lieu à son bal au jour du mariage : nous en sommes assurés. » Deux heures après, il apprit qu'on s'était trompé, que c'était Moreau qui avait été tué et non Schwartzenberg.

Ces impressions, dit-on, s'effacèrent dans la suite par son voyage en Belgique, et quelques mois après, par la naissance de son fils, qui vint au monde le 20 mars 1811. L'on devait tirer 101 coups de canon si l'Impératrice accouchait d'un garçon, et seulement 25 si c'était une fille. On dit que l'attention de tous fut occupée à compter le nombre de coups de canon, et qu'au 26.ᵉ, il y eut un cri de joie général ; que tout Paris, par un mouvement spontané, se rendit au Carrousel et aux Tuileries.

Tous les souverains de l'Europe, le nôtre excepté, envoyèrent à cette occasion des ambassadeurs extraordinaires pour complimenter la cour de France. L'Empereur de Russie envoya le prince Kourakin, son ministre de l'intérieur ; l'Empereur d'Autriche, le prince de Clary, avec tous les ordres de son empire, enrichis de diamans du plus grand prix, pour le jeune prince. Quelques-mois après, les souverains de France firent un voyage à Cherbourg, pour y voir les travaux célèbres qu'on faisait dans ce port, et après en Hollande, où leur entrée fut très-brillante.

J'ai souvent entendu parler par l'habitant de Longwood de la princesse Charlotte d'Angleterre, sœur aînée du prince-régent, et reine de Wurtemberg, et toujours de la manière la plus avantageuse. On la représente là, douée de beaucoup de douceur et de bonté, et comme méritant les plus grands éloges, pour avoir supporté avec une patience angélique l'humeur de son mari.

En 1805, en marchant sur Ulm, Napoléon entra à Stutgard à la tête de sa grande armée ; la cour était occupée à célébrer le mariage du prince Paul fils du roi, avec une princesse de Saxe. Toute la maison de Wurtemberg était réunie. La reine, comme princesse anglaise, éprouva d'abord un certain embarras dont Napoléon s'aperçut, et qu'il dissipa aussitôt, en cherchant à lui plaire et se montrant assidu à lui faire la cour, ce qui changea son premier embarras causé par la prévention, en communications d'une nature agréable. Souvent depuis lors, Napoléon s'arrêta pendant quelque temps à Stutgard, et manifesta toujours les mêmes sentimens et la même attention envers la princesse d'Angleterre. Ce fut elle qui fit le mariage de la princesse Catherine, fille de la première femme du roi de Wurtemberg, avec Jérôme, depuis roi de Westphalie. Ce mariage lia la famille de Napoléon avec celle Brunswick, et forma une nouvelle alliance avec celle de Russie. La princesse Catherine a plusieurs enfans, et on la dit fort attachée à son mari, « *Ainsi que vous le voyez*, dit madame Bertrand, *la famille est alliée à toutes les maisons régnantes de l'Europe, même à celle de Prusse, puisque quelque temps après, une nièce de Murat épousa un prince de Hohenzollern.* »

On dit que le jeune Napoléon, qui, dès son âge le plus tendre, excita l'attention de tant de nations, actuellement âgé de neuf ans, est un enfant particulièrement favorisé de la nature, tant au physique qu'au moral, petit-fils de l'empereur d'Autriche, arrière petit-fils de Ferdinand, roi de Naples, appartenant conséquemment aux maisons de Lorraine et de Bourbon, il lui était vraisemblablement réservé de grandes destinées. On dit qu'elles se bornent aujourd'hui à en faire un prêtre.

On ne peut songer sans surprise que l'enfant de Napoléon est arrière petit-fils de Caroline, reine de Npales, la mortelle ennemie de tout ce qui est français. Cependant plusieurs personnes assurent qu'en dernier lieu, quand Caroline alla à Vienne, elle prit un plaisir particulier à carresser le jeune Napoléon, et à consoler et à donner des conseil à sa petite-fille Marie-Louise.

Récapitulnat avec M. Bertrand les alliances que la famille de Napoléon avait formée avec les souverains de l'Europe, elle dit qu'il y avait actuellement de vivans, premièrement, le jeune Napoléon, un fils et trios filles du prince Eugène et de la princesse de Bavière, un fils et une fille de la princesse de Bade et du grand-duc, deux fils de Jérôme et de la maison de Wurtemberg, et plusieurs du duc de Hohenzollern. (*Documens sur Napoléon*, traduit de l'Anglais, page 50 et suiv.)

DÉCHÉANCE ET ABDICATION
DE NAPOLÉON.

DÉCLARATION DES ALLIÉS.

Du 31 Mars 1814, trois heures après midi.

Les armées des puissances alliées ont occupé la capitale de la France. Les souverains alliés accueillent le vœu de la nation.

Ils déclarent :

Que si les conditions de la paix devaient renfermer de plus fortes garanties lorsqu'il s'agissait d'enchaîner l'ambition de Bonaparte, elles doivent être plus favorables, lorsque, par un retour vers un gouvernement sage, la France elle-même offrira l'assurance du repos.

Les souverains alliés proclament en conséquence :

Qu'ils ne traiteront plus avec Napoléon Bonaparte, ni aucun membre de sa famille ;

Qu'ils respectent l'intégrité de l'ancienne France, telle qu'elle a existé sous ses rois légitimes ; ils peuvent même faire plus, parce qu'ils professent toujours le principe que, pour le bonheur de l'Europe, il faut que la France soit grande et forte ;

Qu'ils reconnaîtront et garantiront la constitution que la nation française se donnera. Ils in-
vitent, en conséquence, le sénat à désigner un
gouvernement provisoire qui puisse pourvoir aux
besoins de l'administration, et préparer la constitution qui conviendra au peuple français.

Les intentions que je viens d'exprimer me sont
communes avec toutes les puissances alliées.

ALEXANDRE.

*Sénatus-consulte qui nomme un gouvernement
provisoire chargé de veiller aux besoins de l'administration et de présenter au sénat un projet
de constitution.*

Paris, 1 avril 1814, après midi.

À trois heures et demi, les membres du sénat
se réunissent, en vertu d'une convocation extraordinaire, sous la présidence de S. A. S. le prince
de Bénévent, vice grand-électeur.

S. A. S. prend la parole en ces termes :

SÉNATEURS,

« La lettre que j'ai eu l'honneur d'adresser à
chacun de vous, pour le prévenir de cette convocation, lui en fait connaître l'objet. Il s'agit de
vous transmettre des propositions. Ce seul mot
suffit pour indiquer la liberté que chacun de vous

apporte dans cette assemblée : elle vous donne les moyens de laisser prendre un généreux essor aux sentimens dont l'âme de chacun de vous est remplie, la volonté de sauver votre pays, et la résolution d'accourir au secours d'un peuple délaissé.

« Sénateurs, les circonstances, quelques graves qu'elles soient, ne peuvent être au-dessus du patriotisme ferme et éclairé de tous les membres de cette assemblée ; et vous avez sûrement senti tous également la nécessité d'une délibération qui ferme la porte à tout retard, et qui ne laisse pas écouler la journée sans rétablir l'action de l'administration, le premier de tous les besoins, par la formation d'un gouvernement dont l'autorité, formée pour la nécessité du moment, ne peut être que rassurante. »

Le prince vice-grand-électeur ayant cessé de parler, diverses propositions sont faites par plusieurs membres. La matière mise en délibération, le sénat arrête :

1.º Qu'il sera établi un gouvernement provisoire, chargé de pourvoir aux besoins de l'administration, et de présenter au sénat un projet de constitution qui puisse convenir au peuple français ;

2.º Que ce gouvernement sera composé de cinq membres.

Procédant de suite à leur nomination, le sénat élit pour membres du gouvernement provisoire :

M. de Talleyrand, prince de Bénévent ;

M. le sénateur comte de Beurnonville ;

M. le sénateur comte de Jaucourt ;

M. le duc de Dalberg, conseiller-d'état ;

M. de Montesquiou, ancien membre de l'assemblée constituante.

Ils sont proclamés, en cette qualité, par le prince vice-grand-électeur, président.

Signé *Abrial*, *Barbé-Marbois*, *Barthélemy*, le cardinal *de Bayane*, *Beldersbuch*, *Berthollet*, le général comte *Beurnonville*, *Buonacorsi*, *Carbonara*, le général comte *Chasseloup-Laubat*, *Cholet*, le général *Colaud*, *Cornet*, *Davous*, *de Gregory - Marcorengo*, le général *Dambarrère*, *Depère*, *Destutt-Tracy*, le général *d'Harville*, *d'Haubersaert*, le général *d'Hédouville*, *Dubois-Dubais*, *Emmery*, *Fabre* (de l'Aude,) le général *Ferino*, *Fontanes*, *Garat*, *Grégoire*, *Herwin de Nevèle*, *Jaucourt*, *Journu-Aubert*, le général *Klein*, *Lejeas*, *Lambrechts*, *Lanjuinais*, *Lannoy*, *Lebrun de Rochemont*, *Lemercier*, le général *Lespinasse*, *Malleville*, *Meermann*, *Monbadon*, *Pastoret*, *Péré*, *Pontécoulant*, *Porcher*, *Rigal*,

Roger-Ducos, *Saint-Martin de Lamotte*, le général *Sainte-Suzanne*, *Saur*, *Schimmelpenninck*, le maréchal *Serrurier*, le général *Soulès*, *Tascher*, le général comte *Valence*, le maréchal duc *de Valmy*, *Vandedem*, *Van-Depoll*, le général *Vaubois*, *Villetard*, *Vimar*, *Volney*.

Les président et secrétaires,

Le prince DE BÉNÉVENT, le comte DE VALENCE, PASTORET.

Sénatus-consulte portant que Napoléon Bonaparte est déchu du trône, et que le droit d'hérédité établi dans sa famille est aboli.

Du 3 avril 1814.

LE SÉNAT CONSERVATEUR,

Considérant que, dans une monarchie constitutionnelle, le monarque n'existe qu'en vertu de la constitution ou du pacte social ;

Que Napoléon Bonaparte, pendant quelque temps d'un gouvernement ferme et prudent, avait donné à la nation des sujets de compter pour l'avenir sur des actes de sagesse et de justice ; mais qu'ensuite il a déchiré le pacte qui l'unissait au peuple français, notamment en levant des impôts, en établissant des taxes autrement qu'en vertu de la loi, contre la teneur expresse du serment qu'il avait prêté, à son avénement au trône, conformément à l'article 53 de l'acte des constitutions du 28 floréal an 12;

Qu'il a commis cet attentat aux droits du peuple, lors même qu'il venait d'ajourner, sans nécessité, le corps législatif, et de faire supprimer comme criminel un rapport de ce corps auquel il contestait son titre et sa part à la représentation nationale;

Qu'il a entrepris une suite de guerres en violation de l'article 50 de l'acte des constitutions, du 22 frimaire an 8, qui veut que la déclaration de guerre soit proposée, discutée, décrétée et promulguée comme les lois;

Qu'il a inconstitutionnellement rendu plusieurs décrets portant peine de mort, nommément les deux décrets du 5 mars dernier, tendant à faire considérer comme nationale une guerre qui n'avait lieu que dans l'intérêt de son ambition démesurée;

Qu'il a violé les lois constitutionnelles par ses décrets sur les prisons d'Etat;

Qu'il a anéanti la responsabilité des ministres, confondu tous les pouvoirs et détruit l'indépendance des corps judiciaires;

Considérant que la liberté de la presse, établie et consacrée comme l'un des droits de la nation, a été constamment soumise à la censure arbitraire de sa police, et qu'en même temps il s'est toujours servi de la presse pour remplir la France et l'Europe de faits controuvés, de maximes fausses, de doctrines favorables au despotisme, et d'outrages contre les gouvernemens étrangers;

Que des actes et des rapports entendus par le sénat ont subi des altérations dans la publication qui en a été faite;

Considérant qu'au lieu de régner dans la seule vue de l'intérêt, du bonheur et de la gloire du peuple français, aux termes de son serment, Napoléon a mis le comble aux malheurs de la patrie, par son refus de traiter à des conditions que l'intérêt national obligeait d'accepter, et qui ne compromettaient pas l'honneur français;

Par l'abus qu'il a fait de tous les moyens qu'on lui a confiés en hommes et en argent;

Par l'abandon des blessés sans pansemens, sans secours, sans subsistances;

Par différentes mesures dont les suites étaient la ruine des villes, la dépopulation des campagnes, la famine et les maladies contagieuses;

Considérant que, par toutes ces causes, le gouvernement impérial, établi par le sénatus-consulte du 28 floréal an 12, a cessé d'exister, et que le vœu manifeste de tous les Français appelle un ordre de choses dont le premier résultat soit le rétablissement de la paix générale, et qui soit aussi l'époque d'une réconciliation solennelle entre tous les États de la grande famille européenne.

LE SÉNAT DÉCLARE et DÉCRÈTE ce qui suit :

Article 1.er Napoléon Bonaparte est déchu du trône, et le droit d'hérédité établi dans sa famille est aboli.

2. Le peuple français et l'armée sont déliés du serment de fidélité envers Napoléon Bonaparte.

3. Le présent décret sera transmis par un message au gouvernement provisoire de la France, envoyé de suite à tous les départemens et aux armées, et proclamé incessamment dans tous les quartiers de la capitale.

Les président et secrétaires,

Signé BARTHÉLEMY, le comte DE VALENCE, PASTORET.

Acte par lequel le corps législatif, adhérant à l'acte du sénat, reconnaît et déclare la déchéance de Napoléon Bonaparte *et des membres de sa famille.*

Du 3 avril 1814.

LE CORPS LÉGISLATIF, réuni en son palais et dans la salle ordinaire de ses séances, en vertu de l'invitation que lui en ont fait faire ce jour MM. les

membres composant le gouvernement provisoire ;
M. Félix Faulcon , vice-président , a occupé le
fauteuil ; MM. Bois-Savary , Laborde et Faure ,
secrétaires :

M. le président a fait lecture d'un arrêté du
gouvernement provisoire , en date du 2 de ce
mois , par lequel il annonce que le sénat a prononcé la déchéance de Napoléon Bonaparte et de
sa famille , et a déclaré que les Français sont dégagés envers lui de tous liens civils et militaires ,
et de toute obéissance.

A cet arrêté était jointe copie de la lettre écrite ,
le même jour , soir , aux membres du gouvernement provisoire , par le président du sénat , pour
lui annoncer cet acte.

Le corps législatif , après avoir délibéré en
séance secrète et en la forme accoutumée sur cette
importante communication , a rendu la séance
publique et pris l'arrêté dont suit la teneur :

Vu l'acte du sénat du 2 de ce mois , par lequel
il prononce la déchéance de Napoléon Bonaparte
et de sa famille , et déclare les Français dégagés
envers lui de tous liens civils et militaires , et de
toute obéissance ;

Vu l'arrêté du gouvernement provisoire du
même jour , par lequel le corps législatif est in-
vité à participer à cette importante opération ;

Le corps législatif, considérant que Napoléon Bonaparte a violé le pacte constitutionnel;

Adhérant à l'acte du sénat,

Reconnaît et déclare la déchéance de Napoléon Bonaparte et des membres de sa famille.

Le présent sera transmis, par un message, au gouvernement provisoire et au sénat.

Signé *Félix Faulcon*, président; *Chauwin de Bois-Savary, D. Laborde, Faure*, secrétaires; *Aubert, Barrot, Botta, Boutelaud, Bruys-Charly, Caze de la Bove, Challan, Chappuis, Charles (Duhud,) Chastenay-Lanty, Cherrier, Chirat, Clausel de Coussergues, Clément, Colchen, Dalmassy, Dampmartin, Dauzat, Delattre, Duchesne de Gillevoisin, Dufougerais, Durbach, Ebaudy de Rochetaille, Emeric-David, Emmery, Estourmel, de Falaiseau, Finot, Flaugergues, Fornier de Saint-Lary, Gallois, Garnier, Geoffroy, Gerolt, de Girardin, Goulart, Gourlay, de Grote, Griveau, Jacobi, Janod, Jaubert, Lejeard de la Seine, Lefeuvre, Lefèvre-Gineau, Delesné-Harel, Rouvert, Metz, Moreau, Morellet, Pémartin, Pérès, Petersen, Petit de Beauverger, Petit du Cher, Pictet-Diodati, Poggi, Poiferé de Cère, de Prunelé, Ragon-Gillet, Rigauld de l'Isle, Rivière, Rossée,* le baron *de Septenville*, *Sylvestre de Sacy*, *Sturtz*, *Tiry*, *Travaglini*, *Van Recum*, *Vigneron*, *Villiers*, *de Wadner-Freundstein*.

ACTE D'ABDICATION DE NAPOLÉON BONAPARTE.

Les puissances alliées, ayant proclamé que l'empereur Napoléon était le seul obstacle au rétablissement de la paix en Europe, l'empereur Napoléon, fidèle à son serment, déclare qu'il renonce, pour lui et ses héritiers, aux trônes de France et d'Italie, et qu'il n'est aucun sacrifice personnel, même celui de la vie, qu'il ne soit prêt à faire pour l'intérêt de la France.

Fait au palais de Fontainebleau, le 11 avril 1814.

Signé, NAPOLÉON.

§ II.

DEPART DE NAPOLÉON

POUR L'ILE D'ELBE.

Le 16 avril, j'arrivai le soir à Fontainebleau ; le 17, je fis ma visite au grand‑maréchal Bertrand et au général Drouot, qui m'engagèrent à prendre un logement au château ; ce que j'acceptai. Après la messe, les commissaires nommés pour accompagner S. M. l'Empereur des Français, (1) eurent une audience particulière. Le général Koller était envoyé pour l'Autriche, le général Schuwaloff pour la Russie, le colonel Campbell pour l'Angleterre, et moi pour la Prusse. Le major comte de Klam‑Martinix avait été adjoint au général Koller, en qualité de premier aide‑de‑camp.

Chacun de nous eut une audience particulière de Napoléon. Il nous reçut assez froidement ; mais

------

(1) Il nous était particulièrement recommandé de lui donner le titre d'Empereur, et de lui rendre tous les honneurs dus à son rang.

son mécontentement et son embarras furent extrêmes, lorsqu'on lui annonça un commissaire de la Prusse ; car on ne peut douter que Bonaparte, dans ses plans, n'eût voulu faire disparaître cette couronne du nombre des puissances. Il me demanda s'il y avait des troupes prussiennes sur la route que nous devions parcourir ? Comme je lui répondis négativement, il ajouta : *mais en ce cas, vous ne deviez pas vous donner la peine de m'accompagner.* Je lui dis que ce n'était pas une peine, mais un honneur. Il persista dans son sentiment, et comme je lui assurai qu'il m'était impossible de me démettre de l'honorable commission dont S. M. avait bien voulu me charger, il ne me parla plus, et me fit très mauvaise mine. (1) Il accueillit le colonel Campbell ; il lui demanda avec intérêt des nouvelles de sa blessure, à quelles batailles il avait reçu les ordres dont il était décoré ; et il prit occasion de là, pour parler de la campagne d'Espagne, en donnant les plus grands éloges à lord Wellington. Il s'informa, avec les plus petits

---

(1) Il témoigna aussi son mécontentement au général Koller, d'être accompagné d'un commissaire prussien ; et comme le général lui rappela que lui-même avait demandé des commissaires à toutes les puissances alliées, l'Empereur lui répondit vivement : *Pourquoi ne m'en a-t-on pas envoyé un aussi de Baden et un de Darmstadt ?*

détails, de son caractère et de ses habitudes; demanda au colonel Campbell de quel pays il était; et comme celui-ci répondit qu'il était né en Écose, l'empereur se mit à louer les poésies d'Ossian, et à vanter surtout l'esprit guerrier de cet ouvrage.

Ce jour même était fixé pour le départ; mais Napoléon trouva un prétexte pour le différer, parce que, disait-il, il ne voulait pas suivre la route d'Auxerre, Lyon, Grenoble, Gap et Digne, mais celle de Briare, Roanne, Lyon, Valence et Avignon. Le général Bertrand fut chargé de nous faire cette demande, et de la motiver sur ce que le chemin indiqué était trop mauvais pour les voitures et pour sa garde, dont, suivant le traité, Napoléon devait être accompagné; et par ce que, de plus, ses équipages, venus d'Orléans, s'étaient déjà dirigés sur Briare et l'y attendaient; il y devait changer de voiture, et trouver pour le voyage beaucoup de facilités, dont il était privé en ce moment.

Il nous fallut envoyer à Paris pour obtenir ce que l'Empereur demandait. Le général Caulaincourt (1) fut chargé de ce message : après avoir pris congé de S. M., il partit avec nos dépêches

----

(1) Caulaincourt lui avait remis une somme de cinq cents mille francs qu'il avait touché à Blois sur la liste civile.

auprès des autorités françaises, afin d'obtenir un ordre direct pour le gouverneur de l'île, l'Empereur ne voulant pas courir le risque de n'y être pas reçu. Nous eûmes, dans la nuit du 18 au 19, la permission de passer par où l'Empereur désirerait, et l'ordre pour que le gouverneur remît l'île d'Elbe. Cet ordre n'était pas aussi clair que S. M. l'aurait voulu. Elle craignait qu'on ne lui enlevât les moyens de défense qui y existaient ; il fallut en conséquence envoyer de nouveau à Paris. Le général Koller assura à l'Empereur qu'on lui accorderait tout ce qu'il demandait et le départ fut enfin fixé pour le 20. Napoléon avait fait partir, pendant la nuit, près de cent voitures chargées de munitions de guerre, d'argent, de meubles, de bronze, de tableaux, de statues, de livres, et peut-être était-ce là la vraie cause des retards qu'il avait suscités.

Le 19, l'Empereur fit venir le duc de Bassano ; dans le cours de la conversation nous remarquâmes ces mots : *On vous reproche de m'avoir constamment empêché de faire la paix : qu'en dites-vous ?* Le duc de Bassano lui répondit : « Votre » Majesté sait très-bien qu'elle ne m'a jamais con-» sulté, et qu'elle a toujours agi d'après sa propre » sagesse, sans prendre conseil des personnes qui » l'entouraient : je ne me suis donc pas trouvé dans

» le cas de lui en donner, mais seulement d'obéir
» à ses ordres. *Je le sais bien*, dit l'Empereur
» satisfait, *mais je vous en parle, pour vous faire
» connaître l'opinion qu'on a de vous.*

Les généraux Belliard, Ornano, Petit, Dejean et Korsakowsky, les colonels Montesquiou, Bussy, Delaplace, le chambellan de Turenne et le ministre Bassano, sont les personnes les plus marquantes qui restèrent auprès de l'Empereur jusqu'à son départ. (1)

Les généraux Bertrand et Drouot furent les seuls qui l'accompagnèrent pour rester avec lui et partager son sort. Le général Lefebvre-Desnouettes alla l'attendre à Nevers, et ce fut là qu'il prit congé de lui.

Le mameluck Rustan et son premier valet de chambre Constant, l'avaient abandonné déjà depuis deux jours, après avoir reçu de lui une somme considérable.

---

(1) Les généraux de division comte Dejean, fils de l'ex-ministre de l'administration de la guerre, et Montesquiou, fils du grand-chambellan, furent renvoyés à Paris par Napoléon, un jour avant son départ. Le comte Dejean pouvait si peu cacher son chagrin sur l'état actuel des choses, qu'à table il se frappa plusieurs fois le front, en disant : *Ah, mon Dieu, est-il possible!* Et quand on lui adressait la parole, il paraissait sortir de la plus profonde rêverie ; mais il répondait toujours avec une grande politesse.

Le 20 avril, à dix heures du matin, toutes les voitures étaient prêtes dans la cour du château de Fontainebleau, lorsque l'Empereur fit venir le général Koller, et lui dit ces mots : *J'ai réfléchi sur ce qui me restait à faire, je me suis décidé à ne pas partir. Les alliés ne sont pas fidèles aux engagemens qu'ils ont pris avec moi ; je puis donc aussi révoquer mon abdication, qui n'était toujours que conditionnelle. Plus de mille adresses me sont parvenues cette nuit : l'on m'y conjure de reprendre les rênes du gouvernement. Je n'avais renoncé à tous mes droits à la couronne que pour épargner à la France les horreurs d'une guerre civile, n'ayant jamais eu d'autre but que sa gloire et son bonheur ; mais, connaissant aujourd'hui le mécontentement qu'inspirent les mesures prises par le nouveau gouvernement ; voyant de quelle manière on remplit les promesses qui m'ont été faites, je puis expliquer maintenant à mes gardes quels sont les motifs qui me font révoquer mon abdication, et je verrai comment on m'arrachera le cœur de mes vieux soldats. Il est vrai que le nombre des troupes sur lesquelles je pourrai compter, n'excédera guère 30,000 hommes ; mais il me sera facile de les porter en peu de jours jusqu'à 130,000. Sachez que je pourrai tout aussi bien, sans compromettre mon honneur, dire à mes gardes que, ne considérant que le repos et le bonheur de la patrie, je renonce à tous mes droits, et les exhorte à suivre, ainsi que moi, le vœu de la nation.*

Le général Koller, qui n'avait pas interrompu l'Empereur, se recueillit un moment, et lui dit que son sacrifice au repos de la patrie était une des plus belles actions de sa vie ; qu'il prouvait par-là qu'il était capable de tout ce qui était grand et noble ; et il le pria de lui dire en quoi les alliés avaient manqué au traité. *En ce que l'on empêche l'Impératrice de m'accompagner jusqu'à Saint-Tropez, comme il était convenu*, lui dit l'Empereur. « Je vous assure, reprit le général, que Sa Majesté n'est pas retenue, et que c'est par sa propre volonté qu'elle s'est décidée à ne pas vous accompagner. *Eh bien, je veux bien rester encore fidèle à ma promesse ; mais si j'ai de nouvelles raisons de me plaindre, je me verrai dégagé de tout ce que j'ai promis.*

Il était onze heures, et M. de Bussy, aide-de-camp de l'Empereur, vint lui dire que le grand-maréchal lui faisait annoncer que tout était prêt pour le départ. *Le grand-maréchal ne me connaît-il donc pas ?* dit l'empereur à l'aide-de-camp, *depuis quand dois-je me régler d'après sa montre ? Je partirai quand je voudrai et peut-être pas du tout.* Le colonel Bussy sortit, et Napoléon, se promenant en long et en large dans la chambre,

parla sans cesse des injustices qu'on lui faisait ; il
accusa l'empereur d'Autriche d'être un homme
sans religion , et de travailler tant qu'il pouvait au
divorce de sa fille , au lieu de remplir son devoir ,
en maintenant la bonne intelligence parmi ses enfans. Il se plaignit aussi du manque de délicatesse
de l'empereur de Russie à son égard , et dit qu'il
était , lui seul , cause que l'impératrice n'avait pas
conservé la régence , et trouva ses visites à Ram-
bouillet très-déplacées ; accusa l'empereur Alexandre et le roi de Prusse d'y aller insulter à son
malheur. Le général Koller s'efforça de lui prouver que ces deux souverains n'avaient en d'autre
intention que de prouver leurs égards à l'impératrice ; mais Napoléon ne voulut se départir en rien
de ses plaintes , relativement au roi de Prusse ,
contre lequel il laissait toujours percer sa haine.
Il cherchait à convaincre le général Koller , que
l'Autriche , par sa position politique actuelle envers la Russie et la Prusse , se trouvait beaucoup
plus en danger qu'elle ne l'était auparavant avec
la France , qui , par sa prépondérance , arrêtait la
Russie dans ses plans de conquête ; que le traité de
Francfort était réellement avantageux pour l'Autriche , et que celui d'aujourd'hui , quoiqu'il don-
nât plus d'étendue à son territoire , l'exposait aux
plus grands dangers avec ses ennemis naturels , la
Russie et la Prusse , dont les cabinets ont toujours

été connus par leur manque de foi et leurs projets
astucieux , au lieu qu'avec lui , Napoléon, on pouvait certainement compter sur tout ce qu'il promettait. Il dit aussi que depuis la campagne de
Russie il n'avait pas eu d'autre but que de conclure
la paix telle que les alliés l'avait proposée à Francfort ; que le général Caulaincourt , qui avait sans
doute eu de bonnes intentions , avait abusé de ses
pleins-pouvoirs , en laissant espérer que le souverain de la France signerait les conditions prescrites
par les alliés à Châtillon , quoiqu'il eût renoncé,
depuis quelque temps , à ses prétentions sur l'Allemagne et sur l'Italie. Le général Koller témoigna à
l'empereur son étonnement de ce qu'il n'avait pas
fait la paix à Prague où à Dresde , ou on lui avait
fait des propositions bien plus avantageuses qu'à
Francfort. *Que voulez-vous* , répondit l'empereur
sans faire attention qu'il se contredisait , *j'ai eu
tort ; mais j'avais alors d'autres vues , parce que
j'avais encore beaucoup de ressources.....* Puis ,
changeant tout à coup de discours : *Mais , dites-
moi , général , si je ne suis pas reçu à l'île d'Elbe ,
que me conseillez-vous de faire ?* Le général pensa
qu'il n'y avait aucun motif de craindre qu'il ne
fût pas reçu ; que d'ailleurs , dans tous les cas , le
chemin de l'Angleterre lui restait toujours ouvert.
*C'est ce que j'ai pensé aussi ; mais comme je leur
ai voulu faire tant de mal , les Anglais m'en con-*

serveront toujours du ressentiment.—Comme vous n'avez pas exécuté vos plans d'anéantissement de l'Angleterre, dit le général, vous n'avez rien à redouter de cette puissance. Il fit encore observer à l'empereur qu'il s'exposait à perdre tous les avantages qui lui étaient assurés par le traité du 11 avril, s'il continuait à faire difficulté de partir; alors Napoléon le congédia en lui disant : *Vous le savez, je n'ai jamais manqué à ma parole ; ainsi je ne le ferai pas plus à présent ; à moins qu'on ne m'y force par de mauvais traitemens.* Plusieurs idées remarquables lui échappèrent dans cette conversation ; nous citons celles qui paraissent le plus dignes d'attention. Il savait qu'on lui faisait un grand reproche de ne s'être pas donné la mort : *Je ne vois rien de grand à finir sa vie comme quelqu'un qui a perdu toute sa fortune au jeu. Il y a beaucoup plus de courage de survivre à son malheur non mérité. Je n'ai pas craint la mort, je l'ai prouvé dans plus d'un combat, et encore dernièrement à Arcis-sur-Aube, où on m'a tué quatre chevaux sous moi* (la vérité est qu'il n'a eu qu'un seul cheval légèrement blessé dans cette journée.) Il dit aussi : *Je n'ai pas de reproches à me faire ; je n'ai point été usurpateur, parce que je n'ai accepté la couronne que d'après le vœu unanime de toute la nation. Je n'ai jamais été la cause de la perte de qui que ce soit ; quant à la guerre, c'est différent ; mais j'ai dû la faire parce que la nation voulait que j'agrandisse la France.*

Il congédia le général Koller et fit venir le colonel Campbell ; il lui parla beaucoup du plan qu'il avait de se mettre sous la protection des Anglais.

Il accorda ensuite des audiences tres-courtes au général Schuwaloff et à moi ; il n'y parla que de choses indifférentes, et à midi il descendit dans la cour du château, où étaient rangés en ligne les grenadiers de sa garde. Il fut aussitôt entouré de tous les officiers et des soldats ; il prononça un discours avec tant de dignité et de chaleur, que tous ceux qui étaient présens en furent touchés.

Voici le discours qu'il adressa, au moment de son départ, aux troupes de la vieille garde qui étaient restées près de lui :

« Officiers, sous officiers et soldats de la vieille garde, je vous fais mes adieux.

» Depuis vingt ans que je vous commande, je suis content de vous, et je vous ai toujours trouvés sur le chemin de la gloire.

» Les puissances alliées ont armé toute l'Europe contre moi : une partie de l'armée a trahi ses devoirs, et la France a cédé à des intérêts particuliers.

» Avec vous et les braves qui me sont restés

fidèles, j'aurais pu entretenir la guerre civile pendant trois ans ; mais la France eût été malheureuse : ce qui était contraire au but que je m'étais proposé. Je devais donc sacrifier mon intérêt personnel à son bonheur : ce que j'ai fait.

» Soyez fidèles au nouveau souverain que la France s'est choisi ; n'abandonnez point cette chère patrie, trop long-temps malheureuse. Ne plaignez point mon sort ; je serai toujours heureux quand je saurai que vous l'êtes. J'aurais pu mourir : rien ne m'était plus facile ; mais non, je suivrai toujours le chemin de l'honneur ; j'écrirai ce que nous avons fait.

» Je ne puis vous embrasser tous, mais je vais embrasser votre chef. Venez, général (il embrasse le général Petit ;) qu'on m'apporte l'aigle, et en l'embrassant il dit : Chère aigle *, que ces baisers retentissent dans le cœur de tous les braves !

» Adieu mes enfans ! adieu mes braves ! entourez-moi encore une fois. »

Le général Drouot précédait, dans une voiture à quatre places, fermée ; immédiatement après était la voiture de l'empereur ; ensuite le général Koller ; après lui le général Schuwaloff, puis le colonel Campbell, et enfin moi, chacun de nous dans sa calèche ; un aide-de-camp du général Schuwaloff venait derrière moi, et huit voitures de l'empereur, avec tout son monde, terminaient notre cortége. Il fut accueilli partout aux cris de *vive l'empereur!* et nous eûmes beaucoup à souffrir des injures que le peuple nous adressait.

———

§ III.

POUR ET CONTRE NAPOLÉON.

En résumant ce que l'intérêt, la prévention, l'esprit de parti inspiraient sur Bonaparte, (en mars 1815,) l'observateur réduisait à deux couleurs tranchantes et contrastées les nuances multipliées dont l'opinion se revêtait pour ou contre lui. Selon les uns, si ce n'était pas un Dieu, du moins c'était plus qu'un homme : il avait détruit et créé des empires ; il avait renouvelé la sève vitale de l'Europe ; de la mort et de l'inertie, il avait tiré l'existence et le mouvement. Suivant d'autres, Satan incarné dans sa personne aurait fait moins de mal ; la révolution s'était fait homme, et pour retourner le monde, elle avait emprunté ses traits. Suspendue par son exil, cette révolution rallumait ses fureurs, aujourd'hui qu'il ne rugissait plus au fond de son abîme.

On appuyait de faits ces virulentes déclamations. En précisant ses jugemens, chaque parti montrant par là ses irritations ou ses regrets, décelait aussi ses terreurs ou son espérance.

Qu'il arrive, auraient dit volontiers ceux-ci! nos bourses, nos bras, nos cœurs lui sont ouverts. Qu'il arrive, renverser à la fois l'œuvre mesquine de ceux qui lui ont succédé, sans le remplacer, et achever son immortel ouvrage! La nature avait assis la France sur le trône des nations, mais il lui manquait un glaive pour garantir son sceptre : que Napoléon soit ensemble et son sceptre et son glaive, et que la terre se courbe et se taise devant lui!

« En dépit des préjugés étroits ou intéressés, ajoutaient ses partisans, l'empire fut pour la France une source de gloire et de bonheur. Jamais les droits des nations, plus clairement définis, n'ont été plus hautement reconnus, plus religieusement respectés : jamais les pouvoirs de l'autorité n'ont reçu, des principes consacrés et de la félicité propagée, de sanctions plus solennelles. Une constitution libre et forte garantissait l'indépendance du peuple et la dignité du monarque. Une législation uniforme et universellement prévoyante étendait partout sa main ferme et pacifique. Le mécanisme de l'administration, unique dans son mobile d'impulsion,

simple dans ses rouages secondaires, développait
dans sa marche le mouvement sans effervescence,
les quantités sans complication, les produits sans
embarras. L'Europe admirait et imitait. Ses
princes, qu'on a dit subjugués par la peur, cé-
daient à des sentimens plus nobles, et pratiquant
enfin cette philosophie royale de Stanislas et de
Marc-Aurèle, ils essayaient sur le même trône le
grand homme et la fille des rois. Une religion
prudente consacrait cette alliance de l'illustration
et du génie, de la noblesse et du pouvoir, de la
beauté et de la valeur. »

« De ce moment, la prospérité coula, comme
par torrens, de mille canaux ouverts. L'éducation
reçut dans un nouveau mode d'enseignement,
le gage d'une perfectibilité indéfinie. On réunit
par des nœuds plus intimes, ces diverses facul-
tés de l'intelligence, que des considérations
étroites séparent quelquefois, mais qu'une politique supérieure, à l'imitation de la nature et du
génie, aime à rassembler. Les sciences, les arts,
les lettres, les théories industrielles, concoururent
par une sorte de confédération académique, à
reformer cet arbre de l'encyclopédie intellectuelle, cultivé par Bacon, et transplanté, des
bords de la Tamise sur ceux de la Seine, par
Fontenelle, Bayle, Lamothe, Voltaire, d'A-

lembert et surtout Diderot. L'agitation imprimée
aux esprits retrempa notre idiôme qui, après
avoir été celui du génie et de la raison, devint
l'expression de la gloire et de la liberté. Si la littérature, fatiguée par des mouvemens ennemis
de sa délicatesse, souffrit un peu durant cette
période, quels éloges ne méritent point, mais
aussi quels encouragemens honorèrent les sciences
positives et la pratique perfectionnée des arts !
L'astronomie peupla de sphères, jusqu'alors igno-
rées, l'espace illimité ; l'anatomie pénétra dans
les mystères les plus fugitifs de l'organisation
humaine ; l'art de guérir, cessant d'être un métier, classa dans un ordre savant les maladies,
dont il avait diminué le nombre, en limitant
celui des remèdes ; la chimie, comme les dieux
d'Homère, envahit le monde matériel en trois
pas ; et tandis que ses théories sublimes immor-
talisaient les Davy, les Fourcroy, les Berthollet,
les Lavoisier, les Guyton, les Chaptal, par une
pratique modeste, elle ne dédaignait point de
descendre aux besoins communs de la vie. »

« De nobles institutions, des fondations utiles
contribuaient à établir solidement et à décorer
avec magnificence le nouvel édifice de la société.
Qui se rappellera sans émotion, sans reconnaissance, que la même main qui ordonnait le plan

d'une vaste campagne, réglait les attributions des théâtres, objet si important en France, et distribuait avec la même libéralité des hospices aux malades et aux infortunés, des asiles aux voyageurs et orphelins, des palais aux guerriers mutilés, que la patrie a revêtus du signe de l'honneur? Les artistes, les savans, les gens de lettres, les agronomes, les artisans mêmes soupirent encore au seul nom de ces prix décennaux, que la puissance promettait au talent. Hélas! depuis que la trahison ouvrit aux Vandales les portes de nos musées, toutes les poétiques divinités ont fui, tous les souffles inspirateurs se sont retirés. Méhul a coupé les cordes de sa lyre, la palette de Girodet se dessèche, le burin de Bouillon semble émoussé. Elles dorment aussi les Muses qui ajoutaient quelques richesses modernes à nos richesses antiques. Delille emporta sous la tombe son talent original et flexible. Ducis vieilli sous les saules de son petit bois; Lemercier s'égare; et Lebrun, en mourant, a reporté au ciel la plume que lui avait prêtée Pindare. »

Les enthousiastes continuent : « Pour perpétuer ses souvenirs, pour immortaliser la gratitude, l'empire n'a pas besoin d'une prestigieuse éloquence : une sèche nomenclature suffit. La religion languissait au seuil de ses temples abandonnés, il l'a replacée sur ses autels. Les mœurs tombaient en corruption , il a commencé à les assainir. Des principes invariables , soit dans l'enseignement, soit dans la politique , soit dans nos relations diplomatiques et commerciales , ont été substitués à des routines souvent contestées. La société intérieure a repris des formes plus décentes, également éloignées des ponctualités de l'étiquette et des trivialités provinciales. De nouveaux usages , successivement introduits par de nouvelles institutions , ont ralenti le vol du temps , comme de nouveaux procédés dans les arts ont multiplié les quantités et étendu l'espace. L'agriculture , rectifiant d'abord par la doctrine , ce que ses pratiques avaient d'erroné , a soumis ensuite à l'expérience ce que des principes transplantés avaient enseigné : ceux d'Olivier de Serres , de l'abbé Rozier , développés par Arthur Young , ont été propagés par les associations agronomiques; et de nombreux Fellemberg ont doté leurs domaines des essais bienfaisans , dont le Fellemberg de Suisse enrichit les siens. La peinture encouragée a vu croître ses élèves et multiplier ses chef-d'œuvres. La sculpture s'est essayée dans des routes renouvelées ; la ciselure a reproduit les belles formes , les ornemens délicats de Germain ; et l'architecture s'est élevée aux mâles beautés du siècle de Perrault. C'est ici que nommer, c'est peindre ; et que chaque mot, rappelant une production ou une entreprise , substitue l'éloquence des faits à la rhétorique des phrases. L'industrie, éveillée par le génie, a saisi son intrument universel, et des prodiges ont couronné la grandeur de ses conceptions et l'activité de ses travaux. La mer a été bridée par d'insurmontables digues, des marais ont été desséchés, on a creusé de nombreux canaux, on a créé et fortifié des ports, on a tari des lacs. Sur la cîme abaissée des montagnes, on a conduit des routes immenses; sur des fleuves vagabonds, dont trois mille toises de quais régularisent le cours, on a multiplié les ponts; de toutes parts, au fond de la vallée, près de la rivière profonde, au sommet de l'âpre montagne, des fontaines jaillissantes ont fait circuler la salubrité. Des prisons, des hôpitaux, des manufactures, des usines, des greniers se sont élevés comme par enchantement; des villes même, sorties rapidement de la carrière, ont offert aux disgraciés du sort de commodes asiles; l'opulence a ordonné des palais et des théâtres, la piété a reçu des temples, la fantaisie même et la mode fugitive se sont jouées à enjoliver des kiosques, à contourner des labyrinthes, à enluminer des jardins. Une industrie moins solide, et plus ingénieuse peut-être, a décoré d'ornemens pompeux ou élégans, et de meubles empruntés au faste de l'antiquité, nos édifices mo-

dernes. Partout la magnificence a reparu avec les
nouvelles richesses, et le luxe n'a point exclu le
bon goût. Ces améliorations, qui embrassent
à la fois le palais du souverain et la grange du
fermier, s'étendent à nos costumes, devenus plus
analogues aux âges et aux saisons; elles n'ont point
négligé nos voitures, devenues, sous la main
d'artisans, que le talent fit artistes, plus élé-
gantes et plus commodes; enfin ces mêmes ré-
formes n'ont pas dédaigné la cuisine, dont la sa-
tyre a beau railler la doctrine chimique, mais
qui joint à la salubrité des manipulations anciennes, plus de variété et plus de délicatesse. »

« Paris, Lyon, Marseille, Bordeaux, Strasbourg, Nantes, étalent avec orgueil tant d'heureux
changemens; la Manche, l'Océan, la Méditerranée, le Rhin, la Loire, le Rhône, la Seine,
sont témoins de ces utiles métamorphoses; et nos
mœurs, modifiées par nos institutions et nos lois,
attesteront, par un développement toujours croissant, l'influence prodigieuse de l'empire et le
mouvement intellectuel et moral que son administration a imprimé partout. La force qui dé-
truisit ses formes politiques, n'a pu arrêter la
marche de toutes ses institutions, pas plus qu'elle
n'effacera la trace de tous ses monumens : ses
ennemis foulent en frémissant la route du Sim-

plon ; c'est de sa tactique que ses vainqueurs ont appris à le battre ; et c'est à Cherbourg, c'est à Anvers que ses rivaux iront se convaincre que l'ennemi de leur commerce, était l'ami du genre humain. »

« L'ami du genre humain ! s'écrient indignées l'Europe, que le tyran enchaîna, la France, dont il déchira les blessures ; le fût-il jamais, pouvait-il l'être, celui qui immola la plus belle moitié de la génération aux avantages de la postérité ? Que nous importent les principes, si pour les faire triompher, il en résulte de si atroces conséquences ! Vous vantez les monumens d'un règne fastueux : découvrez leurs fondations, elle sont cimentées avec du sang. L'empire a envahi l'Europe, mais la conscription a moissonné la jeunesse de l'empire. Il a conquis les tableaux de la Belgique et les marbres d'Italie ; mais la main de fer de l'exaction, après avoir serré l'Italie et la Belgique, a pompé, jusqu'au dernier écu, la substance de la France. Partout vainqueur, partout le maître, Bonaparte fut partout abhorré ; car jamais la modestie ne fit excuser sa victoire, et rarement la bienfaisance honora ses succès. Si ses institutions ont voulu tout fonder, ses entreprises insensées ont tout renversé. C'est sous ses pieds que le sénat, père de la patrie et gardien de la liberté, a jeté la liberté et la patrie ; c'est sa main qui scella du sceau de l'esclavage la bouche courageuse des législateurs ; c'était elle qui avait enchaîné, dans la personne des tribuns, les derniers défenseurs de nos droits. L'absurde système continental, après avoir consterné l'Europe, a fait réagir l'Europe contre nous : il avait semé la haine, nous avons recuilli la vengeance. Parlez-moi de prospérité, je vous montrerai le commerce mourant, l'agriculture négligée, la marine anéantie. Célébrez, dans des vers imposteurs, le patriotisme et le désintéressement ; chimères ! La soif de l'or, l'ardeur du butin ont tout corrompu : la révolution, commencée pour la liberté, a permis le vol pour prix du meurtre ; et la guerre s'est souillée d'attentats au nom de la gloire. Enfin quinze années d'énormités ont appelé sur nos foyers les horreurs de l'envahissement, et nos palmes se sont flétries dans des humiliations plus accablantes, que nos victoires ne furent glorieuses. Et l'homme à qui nous devons tant de maux oserait reparaître ! Précédé de promesses mensongères, il nous apporterait de nouvelles révolutions, de nouvelles guerres, et des crimes nouveaux ! Non ; que tout ce qui est Français s'arme contre le monstre ; et si l'on ne veut pas que les ravages de l'invasion soient suivis de l'agonie du partage, que la France, en chassant, en exter-

minant le Corse , arrête le bras de l'Europe prêt
à la frapper !

(Extrait de l'ouvrage intitulé : *Cinq mois de
l'Histoire de France* , par M. Regnault-Warin ;
pages 136.—146.)

———

§ V.

NOTES HISTORIQUES ET BIOGRAPHIQUES.

1. BONAPARTE EN ITALIE
PENDANT SA PREMIÈRE CAMPAGNE.

Il n'entre point dans notre plan de faire l'histoire de la campagne d'Italie, l'époque la plus brillante, ou du moins la plus pure de la vie politique de Napoléon. Dans moins d'un an, il repoussa les Autrichiens et leurs auxiliaires des bords de la Méditerranée au cœur de la Carinthie, battit et dispersa leurs armées, et rendit la paix au continent. Sa moindre gloire était encore celle de conquérant. Sans parler des institutions qu'il donna à la Lombardie, il se montrait alors, en toute occasion, l'ami sincère et empressé de la paix : il fut le premier homme puissant, sous la république française, qui mit des bornes à son agrandissement, et qui chercha de bonne foi à rétablir la tranquillité de l'Europe. L'indulgence qu'il montra au Pape, à Tolentino, lorsque Rome était entièrement à sa merci, lui fit beaucoup d'ennemis dans l'intérieur, et nous pouvons assurer, d'après l'autorité de M. de Melzi, vice-président de la république cisalpine, homme sage et éclairé, que le général Bonaparte fit la paix de Campo-Formio en opposition avec les ordres secrets et les instructions positives du directoire.

Mais quelque grande que fût alors sa gloire comme guerrier, et comme pacificateur, nous devons cependant mettre des restrictions à nos éloges. Le ton avec lequel il offrait la liberté aux Italiens, était celui de Khaled, propageant son culte par la puissance du glaive. Si les convertis étaient loués, protégés et encouragés, en revanche, les infidèles qui méconnaissaient sa mission et qui résistaient à ses armes, étaient livrés sans pitié au fer de ses soldats. La conduite que le général Bonaparte tint à cet époque à l'égard de Venise, est une grande tache à sa gloire. Il y a lieu de croire que la concession des états vénitiens à la maison d'Autriche était une des stipulations secrètes des préliminaires de Léoben ; que les motifs allégués ensuite pour déclarer la guerre à cette république, n'étaient que des prétextes pour cacher le crime d'une invasion injuste ; et que les négociations entamées avec les mécontents à Venise, n'avaient d'autre but que de lui faciliter l'entrée de la capitale dont il voulait s'emparer, non pour rendre la liberté au peuple, mais au contraire pour exécuter le projet qu'il avait froidement conçu de livrer les Vénitiens à la cupidité et à l'arrogance du gouvernement autrichien. Il est difficile de dire

dans toute cette honteuse affaire quel est le plus
coupable de Napoléon ou de la cour de Vienne.
L'un avait trahi un ami, et l'autre avait accepté
ses dépouilles.

On reproche aussi à Napoléon d'avoir corrompu,
pendant la campagne d'Italie, si ce n'est la discipline, du moins le caractère de son armée, en
protégeant et en excitant les extorsions et le pil-
lage de ses généraux. Ce fut aussi cette armée qui
donna le premier exemple de l'intervention militaire dans les affaires politiques de l'intérieur. En
1797, il s'était formé un parti dans le conseil des
Cinq-Cents, dont les vues, quoiqu'innocentes,
donnaient cependant prise au soupçon. Quelques-
uns des chefs de ce parti étaient très-certaine-
ment royalistes ; mais la plupart de leurs adhé-
rens n'avaient d'autre but que de réprimer le gouvernement arbitraire du directoire, et sa corruption vraiment scandaleuse. Afin de mettre ce
projet à exécution, ils réduisirent toutes les contributions qui étaient demandées par le gouvernement, et discutèrent ses dépenses avec la plus
grande sévérité. Le directoire sut habilement
profiter du plan d'attaque dirigé contre lui. Ses
agens, répandus dans les armées de la république,
persuadèrent sans peine aux soldats que toutes
leurs privations étaient le résultat d'une opposition factieuse qui s'était formée dans la législature,

et qui cherchait à faire périr les défenseurs de la
patrie, pour rétablir sur le trône la famille qui
en avait été repoussée. Le général Bonaparte prêta
son autorité à ces bruits dans une proclamation
qu'il fit à ses troupes. L'armée d'Italie envoya des
adresses au gouvernement, dans lesquelles elle se
plaignait, dans un langage violent et inconstitutionnel, de la majorité de la législature. L'intention de Napoléon était de suivre de près ces adresses, en marchant sur Paris avec une partie de
son armée, sous prétexte de soutenir le directoire et la république, et, au fond, pour prendre
une part considérable dans le gouvernement. La
révolution de *fructidor*, qui arriva plutôt, et s'exé-
cuta plus facilement qu'il ne le pensait, empêcha
l'exécution de ce projet. Le parti opposé au directoire se trouva complétement défait par cet
événement, et le général Bonaparte n'eut plus
aucun prétexte pour repasser les Alpes avec son
armée. Tel est du moins le compte que M. de
Melzi nous a rendu des desseins secrets de Napoléon à cette époque. Du reste, il s'expliquait toujours sur le directoire dans les termes les plus
méprisants ; mais après avoir relevé toutes ses
fautes, il finissait ordinairement par dire que
celui qui pourrait combiner le nouveau système avec un gouvernement militaire, ferait monter la France au rang le plus élevé parmi les na-

tions, et la maintiendrait sans peine à cette hau-
teur ; tant il avait conçu de bonne heure ce plan
formidable qui a failli être si fatal à la liberté des
peuples , et qu'aucune puissance, autre que celle
des élémens, n'a pu détruire.

Que son républicanisme eût déjà un caractère
équivoque , quoiqu'il assurât à l'île d'Elbe qu'il
était resté un bon républicain jusqu'à l'expédition
d'Egypte , c'est ce qui résulte des anecdotes que
nous avons entendu raconter au dernier comte
de Meerfeld. M. de Meerfeld était un des né-
gociateurs autrichiens à Léoben , et ensuite à
Campo-Formio. Dans le cours d'une discussion,
il dit au général Bonaparte que s'il le voulait, il
pourrait à son choix s'emparer du gouvernement
de la France ou de l'Italie. Le général ne répliqua
pas à cette observation ; mais il n'en parut pas
mécontent, et il parla des corps représentatifs
et des institutions républicaines de la France
comme d'un *pur essai*. Encouragé par ces ouvertures, M. de Meerfeld lui proposa, avec l'appro-
bation de sa cour, une principauté en Allemagne.
Napoléon parut flatté et reconnaissant de cette
offre, qui montrait la haute idée qu'on avait de
ses talens et de son importance ; mais il répondit
qu'il ne pouvait pas l'accepter, attendu que, s'il
recevait une aussi grande faveur de l'Autriche,
il serait nécessairement sacrifié dans le cas d'une

nouvelle guerre avec la France, puisque si l'Autriche était heureuse, elle ne manquerait pas de le rejeter, comme un instrument inutile ; et que si, au contraire, la France avait le dessus, elle ne lui pardonnerait jamais d'avoir préféré le patronage d'une nation étrangère à la carrière qu'il pouvait suivre dans sa patrie. Il confessa ensuite avec franchise que son projet était d'entrer dans le gouvernement de la France, et que s'il avait une fois le pied dans l'étrier, sans nul doute il irait droit.

Le caractère de Napoléon, à cet époque, était celui d'un soldat entreprenant, doué de talens extraordinaires, mais sans principes politiques arrêtés ; plein de projets ambitieux, sans cependant avoir encore aucun plan déterminé pour les mettre à exécution. Un Italien pénétrant qui avait été à même de l'observer de près, assurait qu'il était facile dès-lors de reconnaître le penchant qu'il avait pour l'aristocratie, et qu'il a depuis trop imprudemment suivi, lorsqu'il était sur le trône. Quand le général Bonaparte, ajoutait-il, se trouvait dans des circonstances difficiles, il caressait ses généraux ; mais après la victoire, il les tenait à distance, et s'entourait par goût des grandes dames et des grands seigneurs de la Lombardie. Son langage, ses idées, ses manières avaient un caractère frappant et original, disait M. de Melzi.

Dans ses conversations comme dans la guerre, il était fécond et plein de ressources ; prompt à pressentir et à presser le côté faible de son adversaire. Il avait appris peu de choses par les livres ; en revanche, il était susceptible de la plus longue et de la plus infatigable application. Ses projets étaient vastes, gigantesques, conçus avec génie ; mais l'impatience naturelle de son caractère les lui faisait souvent abandonner. Il était habituellement prompt, tranchant, impétueux, et cependant il savait employer à propos une politesse adroite et délicate vis-à-vis de ceux dont il voulait se concilier le suffrage. Ordinairement réservé, la violence de ses passions le rendait quelquefois imprudent et indiscret : jamais ses indiscrétions ne ressemblaient aux épanchement de l'amitié. *La balle qui me tuera, portera mon nom,* répétait-il souvent ; car il avait cette croyance au fatalisme commune aux hommes dont la vie est exposée à de grands dangers. Il était alors pâle et maigre ; sa santé paraissait très-délicate, son activité et la manière dont il supportait les plus longues fatigues, en étaient encore plus étonnants. Tel était le général Bonaparte, à son retour en France, après la conquête d'Italie, objet de l'admiration de l'Europe et de des soupçons du gouvernement qu'il servait. *(Revue d'Edinbourg.)*

2. CAMPAGNE D'ÉGYPTE.

En 1796, on avait remis au général Bonaparte un projet pour la conquête de l'Egypte, qu'il avait examiné, et qu'ensuite il avait envoyé au directoire avec son avis. Ce projet fut repris, et le commandement de cette expédition lui fut proposé ; il l'accepta. Une pareille entreprise était faite pour séduire un esprit ambitieux et hardi comme le sien, rempli de desseins romanesques et extraordinaires. Aucune guerre assurément ne pouvait être plus injuste. La France était en paix avec le grand-Seigneur, souverain nominal de ce pays, et elle n'avait aucun prétexte pour combattre les Beys qui étaient les maîtres véritables de l'Egypte ; mais de pareilles considérations n'étaient pas de nature à arrêter le général Bonaparte, ni son gouvernement. L'expédition partit ; et, par un bonheur inconcevable, elle arriva à Alexandrie, après la prise de Malte, sans être rencontrée par la flotte commandée par Nelson, qui était chargée d'intercepter son passage.

En Egypte, le général Bonaparte modifia les

principes d'après lesquels il avait fait la guerre en Italie. Il avait affaire à des hommes cruels et sans foi ; il les punit avec une cruauté pareille à la leur. Les habitans du Caire s'étaient soulevés contre la garnison française ; non seulement il fit périr tous ceux qui avaient été pris les armes à la main ; mais jugeant que les prêtres avaient été les instigateurs secrets de cette insurrection, il en fit arrêter un certain nombre qui furent fusillés. Sans doute de pareils actes ne sont pas susceptibles d'être justifiés ; mais peut-être leur trouvera-t-on quelques excuses dans l'indignation qu'excitait chez le général et chez les soldats, la férocité avec laquelle l'ennemi faisait périr les prisonniers français, après avoir mutilé leurs corps d'une manière trop horrible pour être rapportée. Sa sévérité était aussi le résultat de sa politique. Les malheureux habitans de l'Orient ne connaissent d'autres principes du gouvernement que la crainte. L'exécution du Caire répandit l'épouvante dans tous les cœurs ; *et depuis ce temps-là*, disait Napoléon, *ils m'ont été fort attachés ; car ils voyaient bien qu'il n'y avait pas de mollesse dans ma manière de gouverner.*

Quant au massacre des Turcs à Jaffa, voici en quels termes il en parlait à lord Ebrington, celui de tous les voyageurs anglais, qui sont allés le voir à l'île d'Elbe, auquel il a montré le plus de confiance. *Ce qu'on vous a dit de ce massacre est exact. J'ai fait fusiller à peu près deux mille Turcs. Vous trouvez ça un peu fort ; mais je leur avais accordé une capitulation à El-Arisch, à condition qu'ils retourneraient chez eux. Ils l'ont rompue, se sont jetés dans Jaffa, où je les ai pris une seconde fois. Je ne pouvais les emmener avec moi, car je manquais de pain ; et ils étaient trop dangereux pour les lâcher encore ; de sorte que je n'avais d'autres ressource que de les tuer.*

D'après cette version le manque de parole de la garnison d'El-Arisch, était l'excuse des cruautés exercées envers elle, et la situation de l'armée française leur motif réel. Maintenant quoique, conformément au droit de la guerre, on ne soit plus obligé d'accorder de quartier à ceux qui ont une fois violé leur parole, ce droit terrible est rarement exercé, et je crois que dans les temps modernes, jamais il ne l'a été sur un si grand nombre d'hommes. Ce n'est pas tout : on nous a assuré qu'un tiers seulement de la garnison de Jaffa était composé des prisonniers faits à El-Arisch, et quelque droit que le général Bonaparte pût avoir sur ceux-ci, il n'est pas facile de concevoir comment ce droit pouvait être étendu sur les autres. Cependant on ne peut nier qu'après l'expérience faite à El-Arisch, il était difficile d'ajouter foi à la parole des prisonniers de Jaffa. L'exemple du passé devait nécessairement faire craindre que, quelques fussent les engagemens qu'on leurs ferait prendre au moment de leur délivrance, ils ne se jetassent, sans scrupule, dans la première place ouverte pour les recevoir, ou restassent en arrière pour fatiguer les ailes de l'armée française pendant sa marche dans la Palestine. D'un autre côté, les forces du général Bonaparte étaient insuffisantes pour faire conduire ces prisonniers, en lieu de sûreté. Que si ces considérations ne suffisent pas pour excuser cette détermination, du moins le blâme ne doit pas en retomber uniquement sur lui ; car elle fut prise dans un conseil de guerre où Kléber, Bonet, Caffarelly, assistaient.

Il est constant qu'à la même époque Napoléon a eu l'intention d'administrer de l'opium comme poison à quelques malades de son armée, et qu'il l'aurait fait sans l'opposition de ses médecins. Mais il serait injuste d'attribuer cette résolution à un mauvais cœur, et encore moins à de l'indifférence pour le sort de ses soldats ; elle n'était que la suite d'une erreur de son jugement. Il est constant que pendant tout le cours de la campagne d'Égypte, il montra la plus grande sollicitude pour les malades et pour les blessés de son armée. Au reste voici dans quels termes il raconta lui-même cette affaire à lord Ebrington, pendant son séjour à l'île d'Elbe. *Il y a un fond de vrai dans ce qu'on a*

rapporté à votre seigneurie, dit-il. Quelques soldats de l'armée étaient malades ; ils ne pouvaient
pas vivre plus de vingt-quatre heures. J'allais me
mettre en marche. Je consultai Desgenettes sur
les moyens de les transporter. Il me répondit
que cela serait inutile pour eux, attendu qu'il n'y
avait nul moyen de les sauver, et que d'ailleurs
en voyageant avec l'armée, ils finiraient par lui
communiquer leur contagion. Sur quoi je lui
recommandai de leur donner de l'opium, afin
de ne pas les livrer à la férocité des Turcs. Desgenettes me répondit en fort honnête homme, que
son métier était de guérir et non de tuer ; ainsi
ces malheureux furent abandonnés à leur sort.
Peut-être avait-il raison ; quoique cependant je
ne demandasse pour eux que ce qu'en pareille circonstance j'aurais prié mon meilleur ami de faire
pour moi. Depuis, j'ai souvent réfléchi sur ce
point de morale ; j'en ai parlé à d'autres, et
je crois qu'au fond il vaut mieux souffrir qu'un
homme finisse sa destinée, quelle qu'elle soit. J'en
ai jugé ainsi à l'égard de Duroc, dont un boulet
avait ouvert le ventre, et qui me criait : *Au nom
du ciel, mettez fin à mes maux.* Je lui dis : *Mon
pauvre ami, je vous plains, mais il faut souffrir
jusqu'à la fin.* Il est impossible de mettre en
doute l'exactitude d'un récit aussi simple et qui
paraît si ingénu.

Nous ne pouvons pas envisager l'apostasie de Napoléon en Egypte, d'une autre manière que le mahométisme simulé du major Horneman, et des autres voyageurs envoyés dans le désert par la société africaine. Le langage mystique de ses proclamations et le ton de prophète qu'il avait adopté était un moyen d'intimider et de confondre ses ennemis, et de répandre autour de lui une crainte superstitieuse. Cette conduite hypocrite, d'après ses propres rapports, eut tout le succès qu'il en attendait. *Vous ne pouvez imaginer*, disait-il à lord Ebrington, *tous les avantages que j'ai obtenus en Egypte, en ayant l'air d'adopter le culte de ses habitans.* (Revue d'Édimbourg.) *

---

* En reproduisant ces diverses pièces, qui quelquefois sont en contradiction soit avec les faits que nous avons avancés, soit avec les principes que nous professons, nous n'avons prétendu que jeter plus de lumières sur les objets qu'elles concernent et montrer notre impartialité.

3. AFFAIRES D'ESPAGNE.

(En octobre 1806, Napoléon, dans une réception du corps diplomatique à Berlin, eut avec le comte de Pardo, créature du prince de la Paix, et alors ambassadeur d'Espagne en Prusse, l'entretien que nous allons rapporter. Cet entretien présente avec la lettre qu'il écrivit, en 1808, au grand duc de Berg, et que nous rapportons ensuite, des rapprochemens très-curieux. On voit que la cour de Madrid a été prise moins à l'improviste qu'on ne le suppose généralement ; car Napoléon annonçait clairement au comte de Pardo, en 1806, l'intention de faire la guerre à l'Espagne, dans le cas où le prince de la Paix continuerait à accueillir les agens de l'Angleterre. On remarquera, sans doute, dans sa lettre au grand duc de Berg, la pénétration avec laquelle il devine que l'ambition et les vues particulières de ce prince doivent nuire à l'accomplissement des ordres dont il lui avait confié l'exécution, et les avertissemens qu'il lui donne à ce sujet.)

ENTRETIEN.

NAPOLÉON. — Que pensez-vous de la guerre avec la Prusse ?

LE GÉNÉRAL PARDO. — Les résultats n'en sont plus douteux. V. M. est maîtresse du champ de bataille. Sa volonté décidera du sort de la Prusse.

Napoléon. — Il est heureux que la guerre ait pris cette tournure. En cas de revers, l'Autriche ne m'aurait pas épargné. Je n'ai pourtant d'autre désir que de bien vivre avec elle. Avant *Jéna* les têtes tournaient dans le conseil aulique. C'est la même chose en Espagne ; tous mes amis veulent m'accabler à la fois.

Le comte de Pardo. — On a trompé V. M. sur les intentions de l'Espagne.

Napoléon. — M. l'ambassadeur, vous avez reçu *des instructions et des lettres confidentielles* de votre ami le prince de la Paix. Si je suis battu, mon frère, le roi d'Espagne, veut le savoir *par des courriers extraordinaires.* Le prince de la Paix a reçu plusieurs fois des agens secrets du gouvernement anglais. Il voudrait, au prix de mon alliance, faire sa paix avec la faction du prince des Asturies. Le prince de la Paix, comme tous les favoris ministres, s'abuse sur sa position. S'il dévie du système qu'il a suivi depuis douze ans, s'il épouse les passions de ceux qui sont ses ennemis, il est perdu. L'aristocratie est en Espagne plus puissante que la reine et que le roi; elle ne pardonne jamais. Ferdinand et sa faction cachée se gouvernent encore par les directions de la reine Caroline de Naples : vous savez mieux que personne qu'ils ne peuvent absoudre le favori. Si l'Espagne, jusqu'à présent l'alliée fidèle de l'empire français, a des intelligences avec l'Angleterre, elle doit craindre que bientôt je ne lui demande raison d'une telle conduite.

Le comte de Pardo. — L'inclination du roi mon maître, et les intérêts de sa politique, lui commandent de rester uni à V. M. I. Il me paraît difficile que le premier ministre puisse l'induire à prendre un autre parti. Sans manquer à mes devoirs, je puis, Sire, vous donner ma parole d'honneur, que les instructions de ma cour me laissent dans l'intime conviction qu'elle attache le plus grand prix à l'amitié de V. M. I. et R.

Le prince de la Paix se trouve dans une position très-difficile. On lui reproche les sacrifices qu'il nous a fait faire à la conservation de l'alliance de la France. L'on ne songe point que l'Espagne a joui par ce système de douze années de paix et de tranquillité au milieu des guerres qui ont ravagé l'Europe. Le premier mi-

nistre a contre lui toutes les ambitions mécon-
tentes, les grands d'Espagne, qui sont envieux
de sa haute faveur. Ils chercheront à lui nuire
par des moyens détournés et perfides. Ils répandent actuellement des bruits les plus absurdes....

Napoléon. — Quels sont ces bruits ?

Le comte de Pardo. — Je n'aurai pas la hardiesse de les répéter à V. M.

Napoléon. — Je vous en prie. .

Le comte de Pardo. — V. M. l'ordonne....
L'on vous suppose le projet d'envahir l'Espagne,
de détrôner le roi, de placer le sceptre aux
mains d'un prince de votre maison ; de renou-
veler la politique de Louis XIV, en unissant
l'Espagne à la France par des garanties de famille. L'on crie bien haut contre l'administration du prince de la Paix, à laquelle on reproche de n'avoir point porté l'armée à cent
mille hommes, de n'avoir point laissé dans le
trésor l'argent qui a pu nous parvenir du Pérou et
du Mexique.

Napoléon. — Vous n'avez point reçu la proclamation du roi. Vous ignorez qu'en ce moment
on fait des levées pour porter votre armée à cent-
quarante mille hommes. Les esprits travaillent à
Lisbonne ; les Anglais cherchent à fomenter des
troubles en Espagne. Ces bruits absurdes sor-

tent de là. — Cela me prouve que l'on intrigue pour brouiller l'Espagne avec moi. — Les Anglais voudraient faire de votre pays un magasin de marchandises. — Charles IV est trop éclairé pour ne pas sentir qu'en cas de rupture, les Anglais et les Portugais ne suffiraient pas pour établir l'équilibre entre lui et moi.

Le projet de m'emparer de la couronne d'Espagne est loin de ma pensée. *Pour établir sur ce trône un prince français il faudrait une révolution qui changeât les mœurs et les usages de cette nation. De si grands bouleversemens tournent rarement au profit de ceux qui les provoquent.* — Je tire de l'Espagne tous les secours que lui permet sa position ; de l'Espagne révoltée, je n'aurais à attendre que des pertes, des entraves à la marche de ma politique, de nouveaux obstacles à la paix avec l'Angleterre. Lorsque je me serais tiré de ces embarras et des résistances qu'amènerait nécessairement le changement de régime, je n'aurais procuré à la France, ni plus de force, ni plus de puissance. Il a fallu trois ans pour pacifier le royaume de Naples, qui est grand comme ma main. — Il faudrait que je fusse poussé à de grandes extrémités pour en venir là. Je respecte le caractère personnel du roi. En quelqu'état de faiblesse que je puisse surprendre l'Espagne, je n'entreprendrai rien qui puisse nuire directement à un prince que j'aime.

Le comte de Pardo. — Je n'avais pas besoin d'entendre les explications que veut bien condescendre à me donner V. M., pour ne donner aucune créance aux fables que les ennemis du gouvernement veulent accréditer en Espagne. Vous connaissez parfaitement notre position. Les Espagnols, pris en masse, sont peu éclairés ; ils tiennent à leurs habitudes avec la tenacité de gens qui ne conçoivent point que rien puisse changer au cours ordinaire des choses humaines. Les grands sont puissans par leurs richesses et par leur influence sur la population. Ils redoutent les innovations en tous genres. Si V. M. semblait vouloir inquiéter l'Espagne, ils courraient aux armes pour défendre, sur la péninsule, leurs possessions d'outre-mer, leurs droits, leurs priviléges, leurs honneurs, qu'ils croiraient menacés par les systèmes français. En blâmant le prince de la Paix, ils se félicitent de ce que la guerre n'a pas porté parmi nous les principes de la révolution française. Les habitans de nos montagnes ont la rudesse de mœurs qu'ont encore aujourd'hui les peuplades de l'intérieur de la Sardaigne ; les grands fondataires les amèneraient par milliers sur les champs de bataille ; les fleuves, les montagnes, les villes, les plus petits passages, auraient partout des défenseurs. — Le clergé nourrit une grande portion de la nation. Il verrait sa ruine dans un changement de régime. Il enflammerait les Espagnols du plus ardent fanatisme ; il leur persuaderait qu'ils combattent pour la cause de Dieu.... La guere deviendrait nationale. On ne triompherait de l'Espagne qu'après en avoir fait un désert.

Napoléon. — Monsieur l'ambassadeur, vous chargez le tableau. Je n'ai pas, je vous le répète, les projets que l'on me suppose sur l'Espagne. Si je les avais, cet exposé de vos forces ne m'effraierait pas. Avec des nuances différentes tous les peuples se ressemblent ; avant que vous m'ayez fait cette énumération, je calculais moi-même les obstacles que j'aurais à éprouver si l'Espagne m'obligeait à lui déclarer la guerre ; je la lui ferais avec les précautions que nécessiterait le génie de ses habitans. Il n'y a point de résistance invincible. — Je n'ai point conduit la guerre en Égypte comme je la conduis en Prusse. — Le temps, la force, la politique, viennent à bout des entreprises dont le succès ne paraissait point à espérer. — Que l'Espagne reste fidèle à mon alliance ; qu'elle cesse des négociations qui me mettent en défiance, qui sont indignes de son caractère, rien ne changera à nos anciens rapports... — Écrivez au prince de la Paix, dites-lui qu'il doit croire à des succès de la part des armées françaises. — Si vous avez l'opinion qu'il faille redresser la politique de votre cabinet, envoyez à Madrid le chevalier *de Montalbo ou Orquijo...*

Lettre de Napoléon *au grand duc* de Berg.

Le 27 mars 1808.

Monsieur le grand duc de Berg, je crains que vous ne me trompiez sur la situation de l'Espagne, et que vous ne vous trompiez vous même. L'affaire du 20 mars a singulièrement compliqué les événemens. Je reste dans une grande perplexité.

Ne croyez pas que vous attaquiez une nation désarmée, et que vous n'ayez que des troupes à montrer pour soumettre l'Espagne. La révolution du 20 mars prouve qu'il y a de l'énergie chez les Espagnols. — Vous avez affaire à un peuple neuf ; il a tout le courage, et il aura tout l'enthousiasme que l'on rencontre chez les hommes que n'ont point usés les passions politiques.

L'aristocratie et le clergé sont les maîtres de l'Espagne ; s'ils craignent pour leurs priviléges et pour leur existence, ils feront contre nous des levées en masse qui pourront éterniser la guerre. J'ai des partisans ; si je me présente en conquérant, je n'en aurai plus. Le prince de la Paix est détesté, parce qu'on l'accuse d'avoir livré l'Espagne à la France ; voilà le grief qui a servi l'usurpation de Ferdinand ; le parti populaire est le plus faible. — Le prince des Asturies n'a aucune des qualités qui sont nécessaires au chef d'une nation ; cela n'empêchera point que, pour nous l'opposer, on en fasse un héros. Je ne veux pas que l'on use de violence envers les personnages de cette famille ; il n'est jamais utile de se rendre odieux et d'enflammer les haines. L'Espagne a plus de cent mille hommes sous les armes ; c'est plus qu'il ne faut pour soutenir avec avantage une guerre intérieure ; divisés sur plusieurs points, ils peuvent servir de noyau au soulèvement total de la monarchie.

Je vous présente l'ensemble des obstacles qui sont inévitables. Il en est d'autres que vous sentirez. L'Angleterre ne laissera pas échapper cette occasion de multiplier nos embarras. Elle expédie journellement des avisos aux forces qu'elle tient sur les côtes du Portugal et dans la Méditerranée, elle fait des enrôlemens de *Siciliens* et de *Portugais*.

La famille royale n'ayant point quitté l'Espagne pour aller s'établir aux Indes, il n'y a qu'une révolution qui puisse changer l'état de ce pays ; c'est peut-être celui de l'Europe qui y est le moins préparé. Les gens qui voyent les vices monstrueux de ce gouvernement, et l'anarchie qui a pris la place de l'autorité légale, font le plus petit nombre ; le plus grand nombre profite de ces vices et de cette anarchie. Dans l'intérêt de mon empire, je puis faire beaucoup de bien à l'Espagne ; quels sont les meilleurs moyens à prendre?

Irai-je à Madrid? exercerai-je l'acte d'un grand protectorat en prononçant entre le père et le fils? Il me semble difficile de faire régner Charles IV. Son gouvernement et son favori sont tellement dépopularisés, qu'ils ne se soutiendraient pas trois mois. Ferdinand est l'ennemi de la France ; c'est pour cela qu'on l'a fait roi. Le placer sur le trône sera servir les factions qui, depuis vingt-cinq ans, veulent l'anéantissement de la France. Une alliance de famille serait un faible lien. *La reine Élisabeth et d'autres princesses françaises ont péri misérablement*, lorsque l'on a pu les immoler impunément à d'atroces vengeances. Je pense qu'il ne faut rien précipiter; qu'il convient de prendre conseil des événemens qui vont suivre... Il faudra fortifier les corps d'armées qui se tiendront sur les frontières du Portugal et attendre.....

Je n'approuve pas le parti qu'à pris V. A. I. de s'emparer aussi précipitamment de Madrid. Il fallait tenir l'armée à dix lieues de cette capitale. Vous n'aviez pas l'assurance que le peu-

ple et la magistrature allaient reconnaître Ferdinand sans contestation. Le prince de la Paix doit
avoir dans les emplois publics des partisans; il
y a d'ailleurs un attachement d'habitude au vieux
roi qui pouvait produire des résultats. Votre entrée à Madrid, en inquiétant les Espagnols, a
puissamment servi Ferdinand. J'ai donné ordre
à *Savary* d'aller auprès du nouveau roi voir ce
qui se passe. Il se concertera avec V. A. I. J'a-
viserai ultérieurement au parti qui sera à prendre.
En attendant, voici ce que je juge convenable de
vous prescrire..

Vous ne m'engagerez à une entrevue *en Espagne* avec Ferdinand, que si vous jugez la situation des choses telle que je doive le reconnaître comme roi d'Espagne. Vous userez de
bons procédés envers le roi, la reine et le prince
Godoy. Vous exigerez pour eux, et vous leur
rendrez les mêmes honneurs qu'autrefois. Vous
ferez en sorte que les Espagnols ne puissent pas
soupçonner le parti que je prendrai. Cela ne vous
sera pas difficile, je n'en sais rien moi-même.

Vous ferez entendre à la noblesse et au clergé,
que si la France doit intervenir dans les affaires
de l'Espagne, leurs privilèges et leurs immunités
seront respectés. Vous leur direz que l'empereur désire le perfectionnement des institutions
politiques de l'Espagne, pour la mettre en rapport

avec l'état de civilisation de l'Europe, pour la soustraire au régime des favoris... Vous direz aux magistrats et aux bourgeois des villes, aux gens éclairés, que l'Espagne a besoin de récréer la machine de son gouvernement; qu'il lui faut des lois qui garantissent les citoyens de l'arbitraire et des usurpations de la féodalité; des instutitions qui raniment l'industrie, l'agriculture et les arts. Vous leur peindrez l'état de tranquillité et d'aisance dont jouit la France, malgré les guerres ou elle s'est trouvée engagée; la splendeur de la religion, qui doit son rétablissement au concordat que j'ai signé avec le pape. Vous leur démontrerez les avantages qu'ils peuvent tirer d'une régénération politique, l'ordre et la paix dans l'intérieur, la considération et la puissance à l'extérieur. Tel doit-être l'esprit de vos discours et de vos écrits. Ne brusquez aucune démarche. Je puis attendre à Bayonne, je puis passer les Pyrénées, et me fortifiant vers le Portugal, aller conduire la guerre de ce côté.

Je songerai à vos intérêts particuliers; n'y songez pas vous-même. — Le Portugal restera à ma disposition. — Qu'aucun projet personnel ne vous occupe et ne dirige votre conduite, cela me nuirait et vous nuirait encore plus qu'à moi.

Vous allez trop vite dans vos instructions du 14. La marche que vous prescrivez au général Dupont est trop rapide ; à cause de l'évènement du 19 mars, il y a des changemens à faire. — Vous donnerez de nouvelles dispositions. Vous recevrez des instructions de mon ministre des affaires étrangères.

J'ordonne que la discipline soit maintenue de la manière la plus sévère ; point de grâce pour les plus petites fautes. L'on aura pour l'habitant les plus grands égards. L'on respectera principalement les églises et les couvens. L'armée évitera toute rencontre, soit avec des corps de l'armée espagnole, soit avec des détachemens. Il ne faut pas que d'un côté il soit brûlé une amorce. Laissez *Solano* dépasser *Badajos*. Faites-le observer ; donnez vous-même l'indication des marches de mon armée, pour la tenir toujours à une distance de plusieurs lieues des corps espagnols. Si la guerre s'allumait, tout serait perdu. C'est à la politique et aux négociations qu'il appartient de décider des destinées de l'Espagne. Je vous recommande d'éviter des explications avec *Solano*, comme avec les autres généraux et les gouverneurs espagnols.

Vous m'enverrez deux estafettes par jour. En cas d'événemens majeurs, vous m'expédierez des officiers d'ordonnance. Vous me retournerez de

suite le chambellan de Tou.... qui vous porte
cette dépêche ; vous lui remettrez un rapport
détaillé.

Sur ce fait , je prie Dieu , M. le grand duc de
Berg, qu'il vous ait en sa sainte et digne garde,

NAPOLÉON.

4. AFFAIRES DE POLOGNE.

Instructions données à M. D....., du cabinet de
Napoléon, à la fin de l'année 1812.

M. D. ... recevra des instructions régulières de
mon ministre des relations extérieures. — C'est
pour qu'il puisse mieux entrer dans ma pensée,
que je lui fais remettre cette note. — Elle devra
lui servir de boussole.

Il faut fixer le droit politique de l'Europe,
comme le droit public. Depuis vingt ans il a été
incertain par la nature des traités qui ont été signés.
Le moment de la crise approche, et la situation
des états dans leurs rapports réciproques, ne présente que des incertitudes : il faut que cette guerre
soit la dernière, et que chaque puissance sache à
quoi s'en tenir.

L'Angleterre apportera de la résistance, parce
qu'elle a beaucoup à rendre. Elle a entraîné la
Suède qui, sous l'appui de certaines promesses de
l'indemniser de la perte de la Finlande, restera fidèle à la guerre qu'elle veut faire à la France.

— Il faut faire attention aux manœuvres des agens secrets de ces deux puissances. — Si vous trouviez cependant ouverture à négocier avec eux, je vous y autorise. — Ma situation particulière est plus embarrassante à l'égard de la Prusse et de la Russie. — Après le traité de Tilsitt, les dispositions de la Prusse sont restées hostiles à mon égard. J'ai continué d'occuper les places fortes dans la vue d'empêcher qu'une nouvelle guerre n'éclatât. J'ai réuni les villes anséatiques pour élargir ma frontière, et, en cas de guerre, préserver la France et les possessions des princes de la confédération et, en outre, pour assurer mes derrières. — La Russie a pris de l'ombrage de ces mesures de sûreté provisoire, elle a rassemblé des armées sur la frontière de la Pologne; des précautions que j'avais prises pour fixer un état provisoire propre à établir enfin une paix solide, par des cessions que j'aurais faites à propos, font naître la guerre. — Dans l'état actuel de l'Europe, il faut à l'Allemagne pour la sûreté commune, un boulevard au Nord, comme il faut à la Russie et aux états héréditaires d'Autriche, une frontière vers les grands fleuves de la mer noire, et les revers des montagnes de la Hongrie.

La Prusse, dans ses intérêts propres, comme dans ceux des autres puissances, est trop près de la Russie. — Elle est trop faible seule pour faire

pencher la balance. — L'organisation de la Pologne a été manquée après la paix de Tilsitt, la restauration de ce royaume est nécessaire à la paix,
comme à la sûreté de l'Europe. Son incorporation
à la Prusse serait dangereuse, car alors cette dernière deviendrait trop puissante, l'Autriche et la
Russie s'y opposeraient. — Les deux royaumes
indépendans (la Prusse et la Pologne) seront unis
par politique : cette union, qui pourra cesser en
cas de guerre entre les grandes puissances, sera
une garantie pour la paix, comme la continuation
de cette union sera suffisante pour empêcher
qu'une puissance ambitieuse n'attente de nouveau
à l'indépendance de l'une d'elles. Vous trouverez
ces vues générales, développées dans vos instructions ministérielles.

Vous ferez remarquer, et toute la négociation
doit rouler sur ce pivot, *que la restauration de la
Pologne n'est pas faite seulement dans l'intérêt de
la France, mais dans celui de l'Europe.* Une fois
ce royaume constitué, et ses institutions consoli-
dées, des intérêts politiques lui deviennent propres.
Il oppose sa force à l'empire français, s'il menace le
système établi, comme il s'oppose plus immédiatement à la Russie, si c'est elle qui devient mena-
çante. — Il protège, au Nord les possessions autrichiennes, il sera, je le repète, (pour les temps
ordinaires) l'allié naturel de la Prusse, de la Saxe

et même de l'Autriche. Ce système, fortifié des nouveaux intérêts que j'ai créés en Allemagne, donne une idée de stabilité que l'Europe n'a point présenté depuis que des guerres ruineuses ont mis toutes les relations politiques dans le vague, et ont tout livré au jeu de la fortune.

Puisque la guerre est inévitable, l'empire français ou la Russie sont aujourd'hui destinés à décider les grandes questions. — Vos négociations se régleront, selon que la guerre sera plus ou moins heureuse, et si les négociations peuvent la terminer, vous aurez rendu un service signalé à l'humanité, et vous aurez de véritables droits à mon amitié et à ma gratitude.

Vous vous rendrez à Vienne. Je regarde ce point comme le plus propre à ouvrir des négociations générales. L'autriche est en observation, les directions de sa politique vous donneront des lumières. — Vous observerez les dispositions de l'Allemagne. Jusqu'aujourd'hui j'ai eu lieu d'être satisfait de la franchise des Souverains de la confédération ; mais si l'Autriche change, ils auront la main forcée. L'Autriche ne changera point, si la guerre est heureuse. — Si elle tourne, de gré ou de force, l'Autriche sera l'ennemi de l'empire.

Vous verrez, en arrivant, le prince de…….; il est prévenu : vous annoncerez que la France ne demande rien pour elle à l'occasion du rétablissement de la Pologne ; qu'elle fera au contraire des cessions pour le faciliter. — Ce pays est trop éloigné de nous pour que je donne à mes états des intérêts à soutenir à de telles distances. Il ne serait utile ni aux Français, ni aux Polonais, que je cherchasse à établir là un prince de ma maison. — Ainsi, *point d'arrière-pensée, point de vues particulières de ma part.* Quant à moi, comme je veux *du durable, je ne veux point être roi de Pologne.*

Un Polonais élu roi, ou nommé roi dans un congrès, nous donnera la crainte d'un nouvel Auguste et d'un nouveau partage.

L'empereur Alexandre roi de Pologne, alarmera l'empire français, menacera la Prusse, et fera trembler l'Autriche : il ne me convient pas de rendre l'empereur François plus puissant, en lui donnant la Pologne. L'empereur Alexandre, d'ailleurs, ne le souffrirait pas. — Vous écarterez donc ces idées que les cabinets jettent en avant depuis quelque temps. Je les crois des pommes de discordes.

On sait, par de fameux exemples, que les intérêts politiques brisent les liens de famille. Mon frère Louis ne m'aurait-il pas fait la guerre, s'il l'avait osé ?

Suivant les difficultés qui se présenteront, suivant les degrés de force que présenteront les puis-

Tome II.   17

sances contendantes, selon les sacrifices territoriaux qu'elles feront, enfin, d'après leurs succès dans cette campagne, je consentirai qu'un archiduc d'Autriche, ou qu'un grand duc de Russie monte au trône de Pologne, en donnant de la part des puissances, des garanties pour l'indépendance de ce trône. — Si l'empereur Alexandre ou l'empereur d'Autriche, refusaient, le premier un archiduc, le second un grand duc, à cause des intérêts de famille, je consentirai qu'un prince de Prusse, de Saxe, ou de Bavière, soit roi de Pologne.

Pour les arrangemens territoriaux, on adjoindra au duché de Varsovie, tel qu'il est aujourd'hui, les provinces de l'ancienne Pologne, que l'on pourra retirer des mains de la Russie et de l'Autriche. — On insistera moins sur les cessions à faire par la Russie, parce que l'on pourra moins l'en indemniser, et parce que les Polonais lithuaniens semblent aimer son gouvernement. Vous ferez valoir en même temps que la Russie tient déjà la Finlande, la Moldavie, la Valachie, que je ne lui dispute point; mais qu'il faut s'entendre. — L'Autriche n'a point un intérêt politique éminent à conserver les provinces au-delà du palatinat de Russie et du pays de Cracovie, qui lui servent de frontières d'observation au-delà des *Monts-Crapacs*. — Je vous autorise à consentir en remplacement des cessions qu'elle fera, des cessions équivalentes que je lui ferai en Illyrie et en Dalmatie, cessions qui pourront lui être très-utiles pour le commerce de Hongrie.

La prise de possession des villes anséatiques peut nuire à la pacification générale. — Pour lever toutes difficultés, je vous autorise à déclarer qu'au moment où l'Angleterre signera la paix, je les rendrai à leur ancienne indépendance. — Je vous autorise à déclarer que je céderai des pays allemands nouvellement réunis, les portions qui seront nécessaires pour indemniser mon allié, le roi de Saxe, de la perte du duché de Varsovie. — Que je donnerai au roi de Westphalie les pays qui lui assureront la libre navigation de l'Elbe, au Danemarck et à la Prusse les portions du territoire des départemens allemands que ces puissances regardent comme indispensables à leur commerce et à leur sûreté. — Je consentirai sur ces points une frontière où l'attaque et la défense soient combinées dans l'intérêt commun.

Vous sentez que les ouvertures devront être faites avec ménagement, de manière à ce que les cessions que je consentirai, aient en stabilité, des avantages politiques équivalens pour l'empire. Mais il faut que vous sachiez bien qu'à moins de revers inouïs, je ne les consentirai qu'à *l'occasion d'une paix générale*, ou tout au moins d'une *pacification continentale*. — Même en cas de grands succès de ma part, rien ne changera mes intentions; ainsi les *bases de vos négociations ne changeront point*.

Vous ferez des ouvertures aux agens que les puissances ont à Vienne. — Vous en ferez de *directes et d'officielles à l'Autriche*, même à la Russie, *si cela vous est possible*. — Vous annoncerez des intentions franches, plutôt que le désir de vouloir négocier et de faire de la diplomatie. — Vous pourrez m'envoyer des notes directes par l'intermédiaire de mon ministre. — Dans des cas décisifs, vous vous concerterez avec mon ambassadeur, pour lequel vous aurez tous les égards que mérite une personne qui me représente. — En cas de traité, vous signerez après lui comme *ministre plénipotentiaire extraordinaire*. — En cas de traité seulement vous prendrez ce caractère. — Du reste, suivez en tous points les instructions de mon ministre, auxquelles ces instructions ont servi de type.

Écrit de mon ordre, et signé de ma main, le 16 septembre 1812.

Instructions données à M. le baron ***** , *pour lui servir de direction dans la mission qu'il aura à remplir en Pologne, en avril* 1812.

Monsieur le baron,

L'Empereur compte assez sur votre dévouement

et sur votre habileté, pour vous avancer dans sa confiance jusqu'à vous charger d'une mission du plus grand intérêt politique. Cette mission demande *activité, prudence et discrétion*.

Vous vous rendrez à Dresde. L'objet apparent de votre voyage sera de présenter à S. M. le roi de Saxe une lettre que l'empereur vous remettra demain à son lever. Sa majesté impériale et royale vous a déjà fait connaître ses intentions ; elle vous donnera verbalement ses dernières instructions sur les ouvertures que vous aurez à faire au roi de Saxe.

L'intention de l'empereur est que l'on agisse envers ce souverain avec les égards que lui mérite l'estime toute particulière que sa majesté professe pour sa persoonne. Vous vous expliquerez, soit avec le roi, soit avec ses ministres, avec une franchise sans réserve. Vous ajouterez foi aux notions que vous donnera M. le comte *de Seflt-Pilsac*.

De la part de la Saxe, il n'y aura point *de sacrifice sans compensation*.

La Saxe tient peu à la souveraineté du duché de Varsovie, qui, tel qu'il existe aujourd'hui, est une possession précaire et onéreuse. La possession de ce fragment de la Pologne la place dans une fausse position à l'égard de la Prusse, de l'Autriche et de la Russie. Vous développerez ces idées, et vous traiterez cette question dans le sens de la discussion qui a eu lieu le 17, dans le cabinet de sa majesté, en votre présence. Vous trouverez le cabinet de Dresde peu disposé à vous combattre. Sa diplomatie nous a présenté à plusieurs reprises les mêmes observations. Ce n'est donc point d'un démembrement des états du roi de Saxe qu'il s'agit.

Après un court séjour à Dresde, vous annoncerez votre départ *pour Varsovie, où vous devez attendre de nouveaux ordres de l'empereur.* Sa majesté impériale prie le roi de Saxe de vous accréditer auprès de ses ministres polonais.

Vous concerterez à Varsovie vos démarches avec le prince S***, chambellan de l'empereur, avec le général Q***. Ces deux personnages, descendus des plus illustres familles de la Pologne, ont promis de faire servir l'influence dont ils jouissent parmi leurs concitoyens, pour les porter à travailler au bonheur et à l'indépendance de leur patrie. Vous devez donner au gouvernement du grand duché une impulsion propre à préparer les grands changemens que l'empereur se propose d'opérer en faveur de la nation polonaise.

Il faut que les Polonais secondent les desseins de l'empereur, et qu'ils coopèrent eux-mêmes à leur régénération. *Ils ne doivent considérer les Français que comme de puissans auxiliaires.*

L'empereur ne dissimule point les difficultés

qu'il aura à éprouver au rétablissement de la Pologne. Ce grand œuvre de politique doit contrarier *les intérêts apparens et actuels* des alliés.

Le rétablissement de la Pologne, par les armes de l'empire français, est une entreprise hasardeuse, périlleuse même où la France devra lutter également contre ses ennemis et contre ses amis. Entrons dans quelques détails.

L'objet que se propose l'empereur est l'organisation de la Pologne *avec tout ou portion de son ancien territoire*, en évitant la guerre, si cela est possible. Pour y parvenir, sa majesté a donné des pouvoirs très-étendus à son ambassadeur à Pétersbourg ; elle a envoyé à *Vienne* un négociateur qui est autorisé à traiter avec les principales puissances, à offrir de grands sacrifices en territoire de la part de l'empire français, *comme indemnité des cessions à faire pour le rétablissement du royaume de Pologne.*

L'Europe se partage en trois grandes divisions : l'empire français à l'ouest, les états de l'Allemagne au centre, l'empire russe à l'est. (L'Angleterre ne peut avoir sur le continent que l'influence que les puissances voudront lui concéder.)

Il faut empêcher, par une forte organisation du centre, que la Russie ou la France puisse un jour en voulant s'étendre d'avantage, envahir la suzéraineté de l'Europe. L'empire français jouit actuellement de toute l'énergie de son existence ; s'il ne termine en cet instant la constitution politique de l'Europe, demain il peut perdre les avantages de sa position, et succomber dans ses entreprises.

L'établissement d'un état militaire en Prusse, le règne et les conquêtes du grand Frédéric, les idées du siècle et celles de la révolution française, mises en circulation, ont anéanti l'ancienne confédération germanique. La confédération du Rhin ne tient qu'à un système provisoire. Les princes qui ont acquis voudraient peut-être la consolidation de système ; les princes qui ont perdu, les peuples qui ont souffert des malheurs de la guerre, les états qui redoutent la trop grande puissance de la France, s'opposeront au maintien de la confédération du Rhin, chaque fois que l'occasion s'en présentera. Les princes même, agrandis par le nouveau système, tendront à s'en éloigner à mesure que le temps les consolidera dans les possessions qu'ils ont obtenues. La France finirait par voir arracher de ses mains un protectorat que sûrement elle aurait acheté par trop de sacrifices.

L'empereur pense qu'à une époque finale, qui ne peut tarder à se produire, il conviendra de rendre la confédération des puissances du centre de l'Europe, à toute leur indépendance.

La maison d'Autriche, qui possède trois vastes

royaumes , doit être l'âme de cette indépendance ,
à cause de la situation topographique de ces états ;
mais elle n'en doit pas être la dominatrice. En cas
de rupture entre les deux empires de France et de
Russie , si la confédération des puissances inter-
médiaires était mue par une même impulsion ,
elle entraînera nécessairement la ruine de l'une
des parties contendantes. L'empire français serait plus exposé que l'empire russe.

Le centre de l'Europe doit se composer d'états
inégaux en puissance , qui auront chacun une
politique qui leur sera propre ; qui , par leur
situation et leurs rapports politiques , chercheront un appui dans le protectorat des puissances
prépondérantes. Ces états seront intéressés au
maintien de la paix , parce qu'ils seront toujours
les victimes de la guerre. Dans ces vues , après
avoir élevé de nouveaux états , après en avoir
agrandi des anciens , afin de fortifier pour l'avenir
notre système d'alliance , il est un intérêt majeur
pour l'empereur , et en même temps pour l'Europe , de rétablir la Pologne : sans la réédification
de ce royaume , l'Europe reste sans frontières de
ce côté. L'Autriche , l'Allemage se trouvent face
à face avec le plus puissant empire de l'univers.

L'empereur prévoit que la Pologne , comme
la Prusse , sera par la suite l'alliée de la Russie ;
mais si la Pologne lui doit sa restauration , l'é-

poque de l'union de ces états sera assez éloignée pour laisser l'ordre établi se consolider. L'Europe étant ainsi organisée, il n'y a plus de raison pour que la France et la Russie soient en rivalité ; ces deux empires auront les mêmes intérêts commerciaux ; ils agiront d'après les mêmes principes.

Avant les réfroidissemens avec la Prusse, une première pensée de l'empereur avait été de faire une alliance solide avec le roi de Prusse, et de poser sur sa tête la couronne de Pologne. Il y avait moins d'obstacles à vaincre, puisque déjà la Prusse, possédait le tiers de ce royaume. On aurait laissé à la Russie ce qu'elle aurait voulu absolument garder ; on aurait donné des indemnités à l'Autriche. La marche des évenemens a fait changer les projets de l'empereur.

Lors des négociations de Tilsit, il a fallu créer des états, précisément dans les contrées qui redoutaient le plus la puissance de la France : le moment était propice au rétablissement de la Pologne quoi qu'il eût prolongé la guerre. L'armée française souffrait du froid et de la disette ; la Russie avait des armées sur pied : l'empereur a été touché des sentimens généreux que lui témoignait l'empereur Alexandre ; il éprouvait des obstacles de la part de l'Autriche. Il a laissé dominer sa politique, par un égal désir de signer une paix qu'il espérait rendre durable, si par l'influence de la Russie et de l'Autriche, l'Angleterre avait voulu consentir à la pacification générale.

Après ses revers, la Prusse avait trop de haine contre nous pour ne pas chercher à modérer sa puissance. C'est dans cette vue qu'a été organisé le grand duché de Varsovie. On lui a donné pour souverain le roi de Saxe, prince dont la vie entière a été employée à faire le bonheur de ses sujets. On a cherché à satisfaire les Polonais par les institutions qui leur plaisaient et qui convenaient à leurs mœurs et à leur caractère. On a mal agi en tous sens.

La Saxe, séparée de ses nouvelles possessions par la Prusse, ne pouvait avec la Pologne constituer un corps assez bien organisé pour devenir fort et puissant. L'ouverture d'une route militaire sur le territoire prussien, pour communiquer de la Saxe à la Pologne, a grandement humilié la nation prussienne, et les Polonais ont gémi d'être trompés dans leurs espérances.

L'empereur stipulait l'occupation des forteresses de la Prusse, pour être certain que cette puissance ne chercherait point à rallumer la guerre. La campagne de 1809 a fait voir combien sa politique avait été prévoyante; elle lui a fait prendre la ferme résolution de travailler sans relâche à terminer cette organisation de l'Europe, qui doit mettre fin à des guerres désastreuses.

L'empereur avait pensé qu'il devait se montrer formidable, par le nombre des troupes qu'il pousse vers la *Vistule*, par l'occupation des forteresses de la Prusse, afin de commander la fidélité de ses alliés, et d'obtenir par les négociations ce que, peut-être, il ne faudrait attendre que de la guerre.

Dans ces circonstances, les dangers sont éminens. Ce n'est pas sans périls que l'on porte des armées à cinq cents lieues de leur territoire, et la Pologne doit attendre autant de ses propres forces que de l'appui de l'empereur. Si la guerre s'engage, les Polonais, je le répète, ne doivent la considérer que comme un moyen ajouté à leurs propres ressources. Ils doivent se rappeler les temps où par leur patriotisme et par leur courage ils résistèrent seuls aux nombreuses armées qui attaquaient leur indépendance.

Les peuples du grand duché veulent le rétablissement de la Pologne; c'est à eux qu'il appartient de préparer les voies par lesquelles les puissances usurpées pourront arriver à prononcer leur volonté. Le gouvernement du grand duché doit, aussitôt que les évènemens le permettront, faire confédérer sous les bannières de l'indépendance, les démembremens de leur malheureuse patrie. S'il est des Polonais, sous la domination de la Russie ou sous celle de l'Autriche, qui se refusent à retourner à la mère patrie, il faut renoncer à les y contraindre. La Pologne doit tirer sa force de son esprit public, de son patriotisme, autant que des institutions qui constitueront le nouvel état social.

L'objet de votre mission est donc d'éclairer, d'encourager, de diriger dans leurs opérations les patriotes polonais : vous rendrez compte de vos négociations au ministre des relations extérieures. Il instruira l'empereur de vos succès. Vous m'enverrez des extraits de vos rapports.

Les malheurs et la faiblesse de la république de Pologne ont été causés par une aristocratie qui n'avait ni règle ni mesure. A cette époque comme aujourd'hui, la noblesse était puissante, la bourgeoisie soumise, et le peuple n'était rien. Mais au milieu de ces désordres, il y avait dans cette nation un amour pour la liberté et l'indépendance, qui soutint long-temps sa débile existence. Ces sentimens doivent avoir crû par le temps et par l'oppression. Le patriotisme est un sentiment naturel aux Polonais, même aux individus des grandes maisons. L'empereur tiendra sans restriction la promesse qu'il a faite par l'article 23 du traité du 9 juillet 1807, « de faire » régir le grand duché par des constitutions qui, » en assurant sa liberté et les priviléges des peuples » se concilie avec la tranquillité des états voisins. » Il y aura, pour la Pologne, *indépendance et liberté.* Quant aux choix du souverain, il résultera du traité que Sa Majesté signera avec les puissances. Sa Majesté ne prétend au trône de la Pologne, ni pour elle, ni pour aucun prince de sa famille. Dans le grand œuvre de la restauration de la Pologne, elle n'a en vue que le bonheur des Polonais et la tranquilité de l'Europe. Sa Majesté vous autorise à faire cette déclaration, à la faire formellement lorsque vous la jugerez utile aux intérêts communs de la France et de la Pologne.

Sa Majesté m'a ordonné de vous transmettre cette note et ces instructions, dont elle a pris connaissance, afin que vous puissiez en faire la matière de vos entretiens avec les ministres étrangers qui seront à Varsovie.

L'empereur fait adresser des notes au ministre de la guerre et à celui des affaires étrangères du grand duché. S'il était besoin de ressources pécuniaires, Sa Majesté viendrait au secours du trésor de la Pologne par de asssignations sur les *domaines de l'extraordinaire* qu'elle possède encore en Pologne et en Hongrie.

5. ANECDOTES BIOGRAPHIQUES.

Notes sur Bonaparte, *premier Consul*, *et sur* Napoléon, *Empereur*.

Lonsqu'on discutait au conseil d'état le projet du fameux sénatus-consulte du 28 floréal an 12, qui devait le nommer Empereur, il répondait à ceux qui s'opposaient aux priviléges du sénat et à la dérogation à la constitution de l'an 8, qui absorbait les Sénateurs et les déclarait exclus de tout fonctions publiques. Que ces Messieurs ne donnaient rien pour rien ; qu'ils voulaient des honneurs, du pouvoir et de l'argent ; qu'ils auraient bien été tentés aussi de l'hérédité, mais que c'était la seule chose qu'il devait et pouvait leur refuser, parce qu'elle serait trop contraire *à l'égalité qui avait été le principe et le but de la révolution, et à laquelle les Français ne renonceraient jamais.* Au surplus, continua-t-il, donnez, par un article, aux ministres et aux conseillers d'état chargés d'une portion de l'administration publique, le privilége d'être, comme les sénateurs, jugés par la haute-cour. Et puis, s'exprimant sur la situation politique de la France, et sur ses ennemis in-

térieurs et extérieurs, il ajouta : Tant que je por-
terai mon épée, ce n'est point dans le sénat que
j'irai choisir mes ministres ; mais il peut venir
après moi un prince faible, qui aura besoin de
s'appuyer sur l'autorité et l'influence du sénat, et
alors cette aristocratie gouvernera, et les ministres
seront choisis parmi ses membres. Je ne puis encore donner à la France toutes les garanties dont
elle a le droit et le besoin ; je conçois qu'elle n'en
a aucune, car si j'ordonnais à mon ministre des
finances d'établir un impôt quelconque qui ne
serait point décrété par le corps législatif, tous les
préfets obtempéreraient à ses ordres, et les imposés
qui réclameraient, n'ayant pour juges que les conseils de préfecture, dont les décisions ne sont sou-
mises qu'au conseil d'état, seraient condamnés !
Vous aviez bien un autre garantie sous les parle-
mens, ils faisaient pendre ceux qui voulaient faire
percevoir un impôt non enregistré : nous aurons
donc bien des choses à faire après la paix. J'ai cependant déjà posé des pierres d'attente : la commission sénatoriale de la liberté de la presse, celle
de la liberté individuelle, ne sont rien aujour-
d'hui, mais elles seront plus tard très-efficaces ;
enfin il faudra reviser tout notre système adminis-
tratif.

— On a beaucoup parlé de la mort du duc

d'Enghien, que l'opinion publique a reprochée
dans le temps à Napoléon : on a dit , et l'on répète
encore tous les jours que c'était une garantie que
les votans , très-nombreux dans le sénat , avaient
exigée de lui ; il est plus juste de croire que la véritable cause de cet acte inutile provient du premier interrogatoire subi par Georges, au moment
même du son arrestation, signé par lui , et déposé au greffe du tribunal criminel.

On dit à Georges qu'il était venu en France
pour assassiner le premier Consul, et Georges répondit : « Non ; nous étions venus pour l'attaquer
» à force ouverte , soit en allant au spectacle , soit
» en allant à la Malmaison ; mais nous ne devions
« agir qu'après l'arrivée d'un prince français. »

Le duc d'Enghien n'était pas loin de Strasbourg,
il continuait les explorations de l'ancien roi de
Suède Gustave ; les plus actifs agens de l'espion-
nage anglais étaient sur la rive droite du Rhin :
on connaît le reste.

— On a écrit, on a imprimé , et l'on répète tous
les jours , que Pichegru a été étranglé dans sa
prison du Temple par ordres du gouvernement :
le fait est faux, Pichegru s'est étranglé lui-même
de la manière énoncée au procès-verbal dressé par
le juge rapporteur du procès de Georges ; et depuis
la publicité de ce procès-verbal on a eu plusieurs

TOME II.   18

exemples de strangulations volontaires opérées de
la même manière. La mort de Pichegru a mis
Napoléon dans la plus grande colère contre le con-
cierge, et même contre le directeur de la police;
d'abord, parce qu'on n'avait pas fait coucher un
gerdarme dans la chambre du prévenu; ensuite,
parce que ce directeur avait prêté à Pichegru l'ouvrage de Sénèque, qui s'était trouvé ouvert sur
sa table de nuit, à l'article du suicide. Pichegru,
disait Napoléon, était le témoin le plus nécessaire
contre Moreau. La correspondance saisie sur l'abbé
David, à Calais, prouve que Moreau cherche depuis trop long-temps à se disculper de l'avoir dénoncé
au directoire, lors de la saisie de la correspondance de Klinglin, pour ne pas être lui - même
compromis. Pichegru n'aurait pas nié la conférence
qu'il a eue avec Moreau, sur le boulevard des Ca-
pucines; enfin, l'on n'avait besoin de Pichegru
que pour le confronter avec Moreau, car ce général avait été mis hors la loi, et il ne s'agissait que
de faire constater son identité par une commission
militaire.

Puisque nous en sommes sur ce fameux procès
de Georges, il est bon de rappeler un fait qui fait
beaucoup d'honneur aux Parisiens, et qui prouve
combien l'opinion publique a raison de se prononcer contre la disposition du code pénal qui absout
les révélateurs, et qui condamne aux plus fortes

peines ceux qui ne révèlent pas le crime ou les complots dont ils ont connaissance.

Une loi fut portée au corps législatif, qui condamnait à la peine de mort ceux qui recéleraient Georges ou ses complices, et aux peines infamantes les plus graves ceux qui, ayant connaissance des cachettes qu'on leur procurait, ne les révéleraient pas. Cette loi fut proclamée par l'autorité municipale dans tous les carrefours et places publiques de Paris, et pas un seul révélateur ne se présenta à la police ou au tribunal criminel! Il y eut une seule révélation contre Pichegru, mais elle est antérieure à la loi.

— L'on a cru plusieurs fois l'occasion de remarquer combien l'ancien chef du gouvernement surveillait l'emploi des deniers des communes : en voici un exemple.

Le préfet et le maire de Strasbourg avaient compris au budget de cette ville une somme de huit à dix mille francs, pour les frais d'une fête donnée à un maréchal de France, à l'occasion de son entrée dans cette ville, dont il avait la sénatorerie. Napoléon présidait le conseil lorsqu'on y fit le rapport, au petit ordre du jour, du décret confirmatif de cette dépense, proposé par le ministre de l'intérieur. Napoléon prit la parole et dit : « Rayez » de ce budget l'article de cette dépense ; ce n'est » pas ainsi que l'on doit dépenser les revenus com-

» munaux , que ceux qui l'ont faite ordonner la
» payent, que le maréchal la leur rembourse, puis-
» qu'il en a profité. » Et l'article fut rayé du budget.
—En 1809 , un inspecteur général d'un des premiers corps de la garde impériale avait fait un
marché avec un sieur J*** pour la fourniture des
fourrages de ce corps. Ce fournisseur avait mal
rempli ses engagemens ou n'y avait point apporté
tout le désintéressement que le chef se croyait en
droit d'en attendre. Il s'en suivit des discussions.
L'inspecteur général ne voulut point donner à
cette affaire l'éclat d'une procédure qui aurait pu
lui attirer des reproches de l'empereur ; il préféra
de procéder militairement : il donna des ordres
pour arrêter ce citoyen. Le sieur J*** fut donc arrêté et conduit dans les prisons *de la préfecture
de police*..... Cet abus de pouvoir excite l'indignation du sieur J*** : il demande à être jugé ; il
menace d'imprimer un mémoire...... Il commence
par une démarche légale , en s'adressant à la commission du sénat chargée de veiller au maintien
des lois sur la sûreté individuelle. Sa réclamation
est accueillie par la commission , qui demande
aussitôt des renseignemens au ministre de la Police. Le ministre ne répond point. La commission
écrit de nouveau , même silence..... Elle décide
que le comte Abrial, son président, se rendra auprès
du ministre. Le comte Abrial entre ainsi en matière :

*D'après la constitution , nous pourrions dénoncer votre excellence au sénat , et demander sa mise en jugement , pour attentat à la liberté individuelle..... Un citoyen est arrêté ; nous nous adressons à vous qui êtes le ministre responsable, puisque les tribunaux ne sont point saisis de cette affaire , vous ne nous répondez même pas. . . . Nous faisons auprès de vous une démarche officieuse avant de donner suite à la plainte de l'individu dont il s'agit. — Je n'ai point répondu à la commission , parce que je n'ai moi-même aucune connaissance du fait dont se plaint le sieur J*** ; les ordres viennent probablement de plus haut que moi. — J*** n'est point un criminel d'état ; il ne peut être en prison d'après une décision du conseil ; si cela était , il ne serait point à la préfecture de police..... Nous ferons un rapport à l'empereur.....*

La commission fait effectivement un rapport à l'empereur qui , dans ce moment était occupé à faire la guerre en Allemagne. L'empereur se fait rendre compte. Il adresse cette lettre au ministre de la police :

« M. le duc d'Otrante , vous n'avez point fait » votre devoir de ministre dans l'affaire du sieur » J***, qui a donné lieu au rapport que m'a fait » la commission du sénat. Personne dans l'empire » n'a le droit d'ordonner l'arrestation d'un ci-

» toyen , que les fonctionnaires auxquels les lois
» délèguent ce pouvoir. L'inspecteur général s'est
» rendu coupable d'un acte arbitraire en ordon-
» nant l'arrestation de l'individu qui réclame : le
» préfet de police a été plus coupable encore
» en obéissant à un acte illégal. Vous lui en
» témoignerez mon mécontentement. Aussitôt que
» la commission s'est adressée à vous , vous deviez
» vous faire rendre compte et ordonner ou la mise
» en liberté de ce fournisseur ou sa remise aux
» tribunaux. Vous savez que sous mon règne il
» n'y a point de lettres de cachet ni de favori.
» Vous eussiez fait à la fois une chose juste et
» raisonnable de réparer un tort que peut faire
» à mon gouvernement une légéreté d'un chef mi-
» litaire. L'administration civile ne doit-elle pas
» s'opposer sans cesse à l'extension que peut
» commander et exécuter par l'acte d'une simple
» volonté? Si les ministres ne font pas exécuter
» les lois , tout doit tomber dans la Monarchie. »
    « Vous faites entendre à cette commission que
» l'ordre d'arrêter cet homme part de moi. Si je
» ne pensais pas que vous n'avez point réfléchi
» votre réponse , je la croirais malintentionnée...
» C'est dans le moment où je suis à quatre cents
» lieues de ma capitale , c'est lorsque je cours les
» chances de la guerre , que vous jetez sur moi
» l'odieux d'un acte arbitraire.... Si le sénat avait

» cherché à faire du bruit avec ces prétextes, si
» un péril quelconque m'avait menacé, quel
» parti les ennemi du gouvernement n'auraient-ils
» point tiré de cet événement? Votre réponse a
» été d'autant plus inconsidérée, que vous savez
» mieux que personne qu'en aucun temps et en
» aucune circonstance je n'ai ordonné l'arresta-
» tion de personne. J'ai toujours pensé qu'un tel
» acte était indigne de la majesté du trône. Je
» vois sur votre rapport du 19, qu'il n'existe
» dans les maisons d'état que dix-sept prisonniers...
» Ces mesures de sûreté publique ont été appli-
» quées sur vos rapports.... Je vous rappelle ces
» détails, afin que vous puissiez les employer dans
» les explications verbales que vous donnerez à
» messieurs du sénat. »

« Cependant, comme il y a des fautes à répa-
» rer, je ne veux point mécontenter le sénat,
» ni passer aux yeux de mon peuple pour un
» tyran; au reçu de cette lettre, vous donnerez
» des ordres pour que le sieur J*** soit mis de
» suite en liberté. Vous donnerez avis de cette
» décision à la commission du sénat, et vous
» lui témoignerez toute ma satisfaction pour la con-
» duite qu'elle a tenue dans cette circonstance. »

« M. le ministre, faites en sorte que des
» affaires de ce genre ne se renouvellent plus. »

» Cette lettre n'étant à autre fin, etc., etc. »

ÉPHÉMÉRIDES

BIOGRAPHIQUES, CONSULAIRES ET IMPÉRIALES.

———

1769. *Août.*

15   Naissance de Napoléon Bonaparte.

1777.

Bonaparte entre à l'école militaire de Brienne.

1784.

Bonaparte, après des examens brillans, est nommé lieutenant d'artillerie au régiment de La Ferre.

1792.

Les talens de Bonaparte contribuent à faire rentrer Toulon au pouvoir des armées de la république. Il parvient aux grades supérieurs.

An **IV.** *de la république,* 1795.
Vendémiaire.

13   Bonaparte devenu général de brigade, dé-

An IV. 1796.

fend la convention sous les ordres du représentant Barras.

Ventose. (Février et Mars.)

4   Napoléon Bonaparte, promu au grade de général de division, obtient le commandement de l'armée d'Italie.

18   Il épouse *Joséphine Tascher de la Pagerie*, veuve de M. de Beauharnais.

Germinal. (Mars et Avril.)

10   Le général Bonaparte arrive à Nice et prend le commandement de l'armée.

16   Premiers combats livrés vers Cairo par l'armée commandée par Bonaparte.

22   Bataille de Montenotte gagnée sur les Austro-Sardes.

25   Bataille de Millesimo. Prise de Cossaria.

26   Combat de Dégo.

Floréal. (Avril et Mai.)

3   Bataille de Mondovi, gagnée sur les Piémontais. Elle amena l'armistice du 9 floréal, et la paix du 26, qui désarma le roi de Sardaigne, lequel céda à la république, la Savoie, Nice, Tende, etc., etc.

19   Passage du Pô.

22   Passage du Pont de Lodi. Les Autrichiens défaits abandonnent le Milanais.

28   Prise de Milan, de Pavie et de Côme.

An IV. 1796.

Prairial. (Mai et Juin.)

11   Combat de Borghetto ; passage du Mincio.

16   Investissement de Mantoue, prise de ses faubourgs.

Messidor. (Juin et Juillet.)

9   Le Pape qui s'était joint à l'Autriche est forcé de signer une convention par laquelle il s'engage à payer 21 millions à la république, et à livrer cent tableaux, vases ou statues aux choix des commissaires nommés par Bonaparte.

18   Combat de Lugo.

Thermidor. (Juillet et Août.)

13   Combat de Salo. Les Français lèvent le siège de Mantoue.

17   Combat de Lonado où, avec 1,200 hommes, Bonaparte force 4,000 Autrichiens à se rendre.

18   Bataille de Castiglione.

20   Deuxième passage du Mincio.

2   Mantoue est investie une seconde fois.

Fructidor. (Août et Septembre.)

18   Combat de Roveredo ou San-Marco.

22   Combat de Bassano ou de la Brenta.

29   Bataille de Saint-Georges sous Mantoue; Wurmser se jette dans cette ville.

An V. *Vendémiaire.* (Septembre et Octobre.)

2   Combat de Governolo.

Brumaire. (Octobre et Novembre.)

22   Combats de Caldero et de Saint-Michel.

27   Bataille d'Arcole; on y combattit durant trois jours.

Frimaire. (Novembre et Décembre.)

1   Combats de la Corona et de Rivoli.

Nivose. (Décembre et Janvier 1797.)

23   Combats de Saint-Michel et de Monte-baldo.

26   Bataille de Rivoli. — Combats d'Anguari et de Saint-Georges.

27   Combats de la Favorite. — En trois jours les Autrichiens perdent 25,000 hommes, et leur armée dispersée abandonne presque sans combattre l'entrée du Tyrol.

Pluviose. (Janvier et Février.)

9   Prise de Trente.

14   Prise de Mantoue : la garnison forte de 15,000 hommes est prisonnière.

Ventose. (Février et Mars.)

1   Traité de paix signé à Tolentino entre la république et le Pape.

Cession d'Avignon et du Comtat, du Ferrarais, du Bolonais et de la Romagne.

An V. 1797.

23   Passage de la Piave : combats de Lougara et de Sacile.

26   Bataille du Tagliamento. L'archiduc Charles, obligé d'abandonner les Etats vénitiens fuit à travers les montagnes du Tyrol.

Germinal. (Mars et Avril.)

2   Combat de Pufero et prise de Trieste. — Combat de Clausen.

9   Prise de Clagenfurth.

12   Le prince Charles évacue le Tyrol et se retire en hâte dans la direction de Vienne.

17   Suspension d'armes de trois jours.

20   Insurrection des provinces vénitiennes ; 300 malades français sont massacrés dans les hopitaux de Véronne ; des troupes se mettent en marche pour venger cet attentat contre l'humanité.

29   Signature des préliminaires de Léoben.

Floréal. (Avril et Mai.)

14   Manifeste de Bonaparte contre les perfidies du Gouvernement vénitien ; ses troupes sont regardées comme ennemies.

Prairial. (Mai et Juin.)

1   Entrée des Français dans Venise. Quelques milliers d'hommes et quelques lignes du général Bonaparte mettent fin à la plus ancienne république Européenne.

An V. 1797.

3   Révolution de Gênes ; la souveraineté du
peuple y est proclamée, et le 22, la république
ligurienne est reconnue par une convention
signée entre le général Bonaparte, le ministre français Faypoult et des députés génois.

Messidor. (Juin et Juillet.)

5   Au conseil des Cinq Cents, quelques voix
s'élèvent pour blamer la conduite de Bonaparte et les révolutions suscitées dans plusieurs Etats italiens : renvoi à une commission d'examen.

11   Bonaparte proclame à Milan la république
cisalpine ; il renonce au nom du Gouvernement français aux droits que la conquête
lui avait donnés sur les provinces qui composent le territoire de la nouvelle république.

30   Le directoire écrit à Bonaparte pour ap-
prouver sa conduite, notamment en ce qui
concerne Gênes et Venise.

Fructidor. (Août et septembre.)

18   Journée du 18 Fructidor.

An VI. *Vendémiaire*. (Septembre et Octobre.)

Traité de Campo-Formio. (Voyez *le chapitre des Traités*.

26   Bonaparte obtient de l'empereur la liberté
de MM. Lafayette, Latour-Maubourg et
Bureau de Pusy détenus depuis 1792.

An VI. 1797.

Brumaire. (Octobre et Novembre.)

5　　Le général Bonaparte par un arrêté réunit à la république cisalpine la Valteline, Chiaverne et Bormio.

28　　Bonaparte chargé d'ouvrir les conférences d'un congrés, arrive à Rastadt.

Frimaire. (Novembre et Décembre.)

11　　Bonaparte signe à Rastadt un traité secret par lequel l'empereur s'engage à faire évacuer par ses troupes les terres de l'empire, les villes de Mayence et d'Ereinbresthin.

15　　Arrivée du général Bonaparte à Paris. Fête au Luxembourg.

Floréal. (Avril et Mai 1798.)

18　　Bonaparte part de Paris pour se rendre à Toulon.

29　　Une escadre française de 13 vaisseaux de ligne, de six frégattes, etc., portant une armée commandée par Bonaparte, et beaucoup d'artistes et de savans, sort du port de Toulon.

Prairial. (Mai et Juin.)

22　　L'escadre française qui porte l'armée de Bonaparte arrive devant Malte.

24　　Malte capitule ; 1,200 canons, deux vaisseaux, deux frégattes, quatre galères sont réunis aux forces de la république.

An VI. 1791.

Messidor. (Juin et Juillet.)

13   L'armée française débarque sur les côtes de
l'Egypte.

14   Prise d'Alexandrie , puis de Rosette.

22   Combat de Rhamanié.

23   Bataille de Chebreiss.

Thermidor. (Juillet et Août.)

3   Bataille des Pyramides.

4   Prise du Caire.

14   Combat naval d'Aboukir. L'escadre française est détruite : il n'échappa que deux
vaisseaux et deux frégattes.

24   Combat de Salahié.

Fructidor. (Août et Septembre.)

18   La Turquie déclare la guerre à la république et s'apprête à nous disputer la possession de l'Egypte.

An VII. *Vendémiaire.* (Septembre et Octobre.)

30   Première révolte du Caire ; Bonaparte
l'étouffe par ses mesures vigoureuses et se
concilie ensuite l'estime du peuple par la
clémence.

Pluviôse. (Janvier et Février 1799.)

16   Bonaparte part pour l'expédition de
Syrie.

An VII. 1797.

25	Combat d'El-Arisch.

Ventose. (Février et Mars.)

6	Prise de Gaza.
17	Jaffa est emporté d'assaut ; la garnison qui s'obstine à ne pas poser les armes est passée en grande partie au fil de l'épée.
27	Combat et prise de Caïffa au pied du Mont-Carmel.
29	Investissement et commencement du siège de Saint-Jean d'Acre.

Germinal. (Mars et Avril.)

19	Combat de Nazareth.
27	Bataille du Mont-Thabor.

Prairial. (Mai et Juin.)

1	Le général Bonaparte est obligé de renoncer à prendre Saint-Jean d'Acre ; il en lève le siége après 61 jours de tranchée. Quatre assauts avaient été livrés à la place. Au quatrième où le général Rambaud fut tué on pénétra jusqu'au milieu de la place sans pouvoir s'y maintenir. L'armée reprend le chemin de l'Egypte.

Thermidor. (Juillet et Août.)

7	Bataille d'Aboukir.

Fructidor. (Août et Septembre.)

6	Bonaparte quitte l'Egypte accompagné de

An VII. 1798.

Berthier, Lannes, Murat, Marmont, Andréossy, Bessières, Bertholet, Monge, Arnaud.

An VIII. *Vendémiaire.* (Septembre et Octobre.)

16 Bonaparte débarque à Fréjus.

24 Il arrive à Paris.

Brumaire. (Octobre et Novembre.)

18 Lucien Bonaparte est élu président du conseil des Cinq Cents.

18 Le conseil de Cinq Cents assemblé extraordinairement, transfère pour le lendemain les deux conseils à Saint-Cloud. Il charge le général Bonaparte de l'exécution de ce décret et adresse aux Français une proclamation sur la nécessité de prendre des mesures qui assurent le salut commun.

19 Révolution dite *du 18 Brumaire.* Le directoire est renversé et un gouvernement consulaire lui succède. Une nouvelle constitution doit être donnée à la France. Bonaparte est nommé premier consul, Sieyès deuxième ; Roger-Ducos troisième.

CONSULAT TEMPORAIRE.

(*Brumaire an* VIII. 1799.)

20 Par mesure de sûreté, les Consuls prennent un arrêté qui bannit du territoire de la république 35 individus, et qui assigne la

An VIII. 1799.

Rochelle pour résidence à beaucoup d'autres.

22　La loi injuste et révolutionnaire dite *des otages* est abrogée.

Frimaire. (Novembre et Décembre.)

22　Bonaparte, Sieyès et Roger Ducos et les deux commissions des deux conseils signent la nouvelle constitution. (*Voyez en l'analyse.*)

Cambacérès et Le Brun remplacent au consulat Sieyès et Roger Ducos.

La constitution est soumise à l'acceptation du peuple.

23　Les armées commencent à reprendre l'avantage ; le général Saint-Cyr bat l'autrichien Kléneau.

25　Organisation de l'école polytechnique.

30　Le projet du code civil est présenté à la commission législative du conseil des Cinq-Cents.

Nivôse. (Décembre et Janvier 1800.)

3　Établissement du conseil d'état.

4　Le sénat entre en fonction. Les consuls commencent à gouverner constitutionnellement.

5　Le premier consul écrit au roi d'Angleterre pour lui demander de mettre terme à la guerre. Refus.

An VIII. 1799.

11 — Installation du corps législatif et du tribunat.

17 — Convention d'El-Arisch pour l'évacuation de l'Égypte. Quand l'armée Anglo-Turque en a recueilli les avantages, la cour de Londres refuse de la ratifier. Kléber se venge de la perfidie par d'éclatans succès.

26 — L'empire de la constitution est suspendu dans les départemens des Côtes du Nord, d'Ile-et-Vilaine, du Morbihan et de la Loire Inférieure.

27 — Le nombre des journaux est limité et ils sont soumis à une censure.

Pluviose. (Janvier et Février.)

9 — Paix de Montfaucon qui désarme la Vendée méridionale. Déjà plusieurs cantons avaient posé les armes et la plupart des généraux vendéens ne tardèrent pas à se soumettre.

18 — Proclamation des consuls sur l'acceptation de la constitution consulaire. 1562 votans la rejettent, 3,011,007 l'acceptent.

28 — Loi qui divise le territoire de la république en départemens et arrondissemens communaux ; qui institue des commissaires généraux de police, des conseils de préfecture, etc., des préfets, des maires, etc., etc.

Ventose. (Février et Mars.)

10 — Établissement de la Banque de France.

12 — Clôture de la liste des émigrés.

An VIII, 1799.

17 | Formation d'une armée de réserve à Dijon.

29 | Bataille d'Héliopolis en Egypte. Le lendemain, deuxième révolte du Caire.

Germinal (Mars et Avril.)

6 | Etablissement du conseil des prises.

16 | Combats de Montenotte et de Melagno en Italie. Masséna résserré dans les environs de Gênes, s'y défend avec art et courage, tandis que Moreau se prépare à reprendre l'offensive sur le Rhin.

Floréal. (Avril et Mai.)

15 | Bataille de Mœskirch gagnée par Moreau. Nos armées, après avoir passé le Rhin du 5 au 11 à Kelh, à Brissac, à Bâle et à Schaffouse, avaient combattu le 6 et le 7 à Offembourg et à Walshut. A Engen elles avaient obtenu un brillant succès le 13, et elles couronnèrent leurs efforts par la prise de Biberach, le 19.

16 | Bonaparte part pour ouvrir la campagne de Marengo.

21 | Nice tombe au pouvoir des Autrichiens. Masséna est complètement bloqué dans Gênes.

Passage du Mont-Blanc.

Prairial. (Mai et Juin.)

9 | Reprise de Nice par le général Suchet.

An VIII. 1799.

13   L'armée de réserve, après avoir gagné plusieurs combats, entre dans Milan. Le même jour le général Masséna après la plus glorieuse résistance est forcé par le manque de vivres de capituler dans Gênes.

17   Après avoir occupé Pavie et Crémone, l'armée de réserve passe le Pô et s'empare de Plaisance.

20   Bataille de Montenotte.

22   Combat gagné par l'armée du Rhin sur les bords de l'Isère ; le lendemain le passage du Lech est forcé.

25   Bataille de Marengo ; mort de Desaix.

Kléber est assassiné en Egypte.

27   Armistice entre les armées françaises et autrichiennes en Italie. Les impériaux évacuent complètement le Piémont et la Lombardie , et se retirent derrière l'Oglio.

29   L'armée du Rhin franchit le Danube.

30   Elle gagne une bataille à Hochstet ou Bleinheim. En 1704 le prince Eugène et Marlboroug y avaient battu complètement les maréchaux Talard et Marsin.

Messidor. (Juin et Juillet.)

8   Combat de Neubourg en Allemagne. La Tour d'Auvergne , premier grenadier des armées françaises y perd la vie.

An VIII. 1801.

18　Landshut est pris après un combat très-vif.

26　Armistice qui suspend les hostilités en Allemagne.

Thermidor. (Juillet et Août.)

9　Des préliminaires de paix avec l'Autriche sont signés et ratifiés par le premier consul. L'empereur refuse la ratification.

Fructidor. (Août et Septembre.)

18　Après vingt-six mois de siége, le général Vaubois est obligé de rendre Malte aux Anglais.

An IX. *Vendémiaire.* (Septembre et Octobre.)

8　Traité d'amitié et de commerce avec les États-Unis d'Amérique.

18　Le premier Consul est averti qu'il doit être assasiné à l'Opéra : il s'y rend, et les conjurés y sont arrêtés.

23　Occupation de la Toscane.

Frimaire. (Novembre et Décembre.)

7　Reprises des hostilités en Allemagne et en Italie. L'armée du Rhin attaque et emporte Wasserbourg, Landshut et Rasemheim. L'armée des Grisons franchit le mont Splugen et l'armée Gallo — Batave entre dans Wurtzbourg.

An IX. 1801.

12   Bataille de Hohenlinden gagnée par Moreau. Les Autrichiens perdent 10,000 hommes, 5 généraux, 80 canons, 200 caissons, et sont forcés d'abandonner successivement les bords de l'Inn, de la Salzach et de la Traün.

     Le même jour l'armée gallo-batave avait vaincu à Bamberg.

27   Bataille de Nuremberg, gagnée par l'armée gallo-batave.

Nivôse. (Décembre et Janvier 1801.)

3   Explosion de la machine infernale, dirigée contre le premier consul.

4   Convention de Steyers, qui suspend les hostilités entre le général Moreau, et l'archiduc Charles. Cet armistice s'étendit le 6 à l'armée gallo-batave.

     — L'armée d'Italie force le passage du Mincio.

14   Acte du gouvernement, approuvé par le sénat, qui met en surveillance hors du territoire de la république, cent vingt-neuf individus. (Cent trente, disent quelques listes.)

26   Armistice de Trévise. Il fut amené par les succès obtenus les 6, 11, 12, 15, 20, à Salionza, sur l'Adige; à Vérone, à

An IX. 1801.

Montebello et à Arméola, par l'armée d'Italie, et les 6, 11, 14, 17 et 21, à Casa Nova, au Mont-Tonal, à Ramutz, à Martins-Bruck, à Trente et à Botzen, par l'armée des Grisons.

Pluviôse. (Janvier et Février.)

20   Traité de Lunéville. (*Voyez son article.*)

Ventôse. (Février et Mars.)

30   Le 18, une armée anglaise avait débarqué près d'Aboukir, en Egypte. Le 30, le général Menou lui livra bataille près d'Alexandrie. Les Anglais perdirent leur général Abercrombie, et beaucoup d'officiers de distinction, mais ils restèrent maîtres du champ de bataille.

Germinal. (Mars et Avril.)

7   Traité de paix entre la république et le roi des Deux-Siciles.

Messidor. (Juin et Juillet.)

9   Convention par laquelle le Caire est remis à l'armée anglaise. Les troupes de la république, qui occupaient la Haute Egypte, obtiennent d'être transportées en France.

10   Ouverture d'un Concile national dans l'église métropolitaine de Paris. Il est composé de quarante cinq évêques et de quatre vingt députés du second ordre. Il déclare :

An IX. 1801.

« qu'il n'y a pas de schisme en France, et que
le clergé doit être soumis au gouvernement,
sans attendre la décision du pape. » Son but
principal, la paix et l'unité de l'église gallicane, n'ayant pu être atteint, sa dernière
séance eut lieu le 28 thermidor.

26   Le concordat qui a régi le clergé de France
jusqu'en 1817, est signé entre le pape et le
premier consul. Il fut présenté au corps législatif, le 18 germinal an 10, et proclamé dix
jours après.

Fructidor. (Août et Septembre.)

6   Traité de paix, entre la France et la Bavière.

12   Le général Menou, capitule dans Alexandrie. L'Egypte est entièrement évacuée. C'est
le 13 messidor an 6, que Bonaparte avait
débarqué à Aboukir et pris Alexandrie.

An X. *Vendémaire.* (Septembre et Octobre.)

7   Paix avec le Portugal.
9   Préliminaires de paix avec l'Angleterre.
16   Traité définitif avec la Russie.
17   Préliminaires de paix avec la Turquie.

Brumaire. (Octobre et Novembre.)

21   Une escadre, commandée par l'amiral Vil-
laret, et portant une armée aux ordres

An X. 1802.

du général Leclerc, part pour Saint-Domingue.

Frimaire. (Novembre et Décembre.)

21   Projets du Code civil, présentés au corps législatif. Le premier l'avait été le 3, le second le 11. Le 24 le premier fut rejetté.

Nivôse. (Décembre et Janvier 1802.)

13   Les consuls arrêtent que les projets du Code civil et celui sur le rétablissement de la marque des condamnés, seront retirés de la discussion, *convaincus que le temps n'est pas encore venu où l'on portera dans ces grandes discussions le calme et l'unité d'intention qu'ils demandent.*

Pluviôse. (Janvier et Février.)

5   La Consulte de la république cisalpine, réunie à Lyon, nomme Bonaparte président de la république. Il accepte ; change le titre de *Cisalpine* en celui d'*Italienne*, et donne une nouvelle organisation.

9   Arrivée de l'escadre française devant Saint-Domingue.

14   Débarquement du général Leclerc.

16   Incendie du Cap et massacre des blancs.

Germinal. (Mars et Avril.)

4   Paix d'Amiens.

An X. 1802.

28 Proclamation du Concordat. Fête de la restauration du culte.

Floréal (Avril et Mai.)

6 Sénatus-consulte contenant amnistie aux émigrés. (Voyez l'extrait des sénatus-consulte.)

17 Le général Richepanse débarque à la Guadeloupe ; 21 jours après, l'île était soumise, et les nègres désarmés.

18 Le sénat proroge pour dix années, après l'expiration du premier consulat décennal, la dignité consulaire dans la personne de Bonaparte.

— Soumission apparente de Saint-Domingue après de nombreux combats.

20 Arrêté des consuls portant que le peuple français sera consulté sur cette question : *Napoléon Bonaparte sera-t-il consul à vie ?* Création de la Légion d'Honneur.

Messidor. (Juin et Juillet.)

29 Traité définitif avec la Turquie.

Thermidor. (Juillet et Août.)

14 Sénatus-consulte qui proclame Napoléon Bonaparte consul à vie. Sur 3,577,259 votans, 3,568,186 ont voté pour, et 9,073 contre.

An X. *Thermidor.* 1802.

16　Sénatus-consulte organique de la Constitution. (*Voyez son article.*)

An XI. *Vendémiaire.* (Sept. et Octobre.)

17　A la mort de l'infant duc de Parme, ses Etats sont occupés par les troupes françaises, en vertu du traité du 30 ventôse an 9, entre la France et l'Espagne.

26　Suspension des fonctions du jury dans les départemens de la Bretagne, du comtat d'Avignon, de la Corse et du Piémont. — Admission des étrangers aux droits de citoyens français, pour services rendus à la république, importation d'inventions utiles, ou formation de grands établissemens.

Brumaire. (Octobre et Novembre.)

11　Mort du général Leclerc; il est remplacé par Rochambeau dans le commandement des troupes à Saint-Domingue. La maladie qui a enlevé le général, exerce de grands ravages dans l'armée.

Frimaire. (Novembre et Décembre.)

20　Réunion à Paris de députés des cantons Suisses. En vendémiaire, les Helvétiens s'étaient soulevés contre le gouvernement qu'on leur avait opposé. En conséquence,

An XI. 1802.

les troupes françaises étaient rentrées en Suisse, et le premier consul avait exigé l'envoi à Paris de députés, pour lui communiquer le vœu des cantons sur la meilleure forme de gouvernement qui leur convient.

— Le sénateur Barthélemy leur communique une lettre du consul, concernant l'organisation de leur gouvernement.

21 Bonaparte reçoit le titre de *Restaurateur de la république du Valais.*

Nivôse. (Décembre et Janvier 1803.)

14 Création des *Sénatoreries.* (V. l'*Introduct.*)

Pluviôse. (Janvier et Février.)

3 Division de l'Institut en quatre classes : sciences physiques et mathématiques ; de la langue et de la littérature françaises ; histoire et littérature ancienne ; beaux arts.

30 La médiation de la France donne une nouvelle Constitution à la Suisse. Un *Landamann* annuel préside la fédération qui se compose de dix-neuf cantons.

Ventôse. (Février et Mars.)

9 Les Anglais refusent de remettre Malte, qui par le traité d'Amiens devait être rendue à l'Ordre. Ils avaient déjà montré peu d'exactitude pour l'exécution ponctuelle du traité, en évacuant tardivement l'Egypte. Ce ne fut

An XI. 1803.

que le 26 ventôse qu'ils évacuèrent Alexandrie.

Germinal (Mars et Avril.)

19　Création d'auditeurs près les ministres et le conseil-d'état.

Floréal. (Avril et Mai.)

10　Cession de la Louisiane aux États-Unis.

26　L'Angleterre rompt la paix d'Amiens. Le 29 deux bâtimens français sont pris dans la baie d'Audierne, sans qu'il y ait eu déclaration de guerre.

Prairial. (Mai et Juin.)

6　Une armée française commandée par le général Mortier, entre dans l'électorat d'Hanovre. Le 13, combat de Borsten, à la suite duquel le duc de Cambridge abandonne son armée. Le lendemain nous nous emparons de Niewbourg sur le Weser ; et une convention en vertu de laquelle l'électorat et les forts qui en dépendent seront occupés par l'armée française est signée à Sulhingen. Par la même convention, l'armée hanovrienne se retirera derrière l'Elbe, comme prisonnière de guerre. Le 16 les troupes de la république entrent dans Hanovre. (*Voyez* le 15 messidor.)

Messidor. (Juin et Juillet.)

1　Prohibition des marchandises anglaises.

An XI. 18o3.

3 Sainte-Lucie tombe au pouvoir des Anglais.

11 Prise de Tabago par les forces anglaises.

15 Le roi d'Angleterre ayant refusé de ratifier la convention du 14 prairial, relative à
l'électorat et à l'armée d'Hanovre, le général
Mortier recommence les hostilités. Le maréchal Walmoden est obligé de capituler.
L'armée hanovrienne est dissoute : armes,
équipemens, chevaux, bagages, tout est
remis à l'armée française.

Thermidor. (Juillet et Août.)

Dons patriotiques offerts par les départemens, pour le soutien de la guerre contre
l'Angleterre.

9 Bonaparte décrète qu'il sera creusé un
grand canal de navigation pour réunir le
Rhin, la Meuse et l'Escaut.

20 Les Anglais se présentent pour bombarder
Boulogne. Les chaloupes canonnières les
forcent à s'éloigner.

Fructidor. (Août et Septembre.)

Formation de plusieurs camps sur les côtes
de la Manche, à Saint-Omer, Boulogne,
Bruges, Cherbourg, etc.

An XII. 18o4.

Frimaire. (Novembre et Décembre.)

3o L'armée française commandée par le gé-

An XII. 1804.

néral Rochambeau évacue Saint-Domingue, après une assez longue occupation ; cette expédition n'eut que de malheureux résultats. Les maladies détruisirent l'armée, et les intrigues de l'Angleterre anéantirent les heureux résultats que les premiers succès avaient amenés.

Nivôse. (Décembre et Janvier 1804.)

24   Le corps législatif adopte le code civil (connu pendant l'empire sous le titre de *Code Napoléon*.) dont les différens titres avaient successivement été discutés depuis le mois de ventôse de l'an XI.

Pluviôse. (Janvier et Février.)

25   Découverte d'une conspiration ou Moreau, Pichegru, Georges Cadoudal et autres sont impliqués. Leur arrestation et leur mise en accusation amènent un jugement qui condamne Georges et onze individus à la peine de mort, (Floréal an XII.) Pichegru avait été trouvé mort au Temple, (15 germinal.) Moreau fut condamné (21 prairial) à deux ans de détention, peine qui fut convertie en celle de la déportation. Il se retira aux Etats-Unis.

An XII. 1804.

Ventôse. (Février et Mars.)

30   Mort du duc d'Enghien. Il est fusillé dans les fossés de Vincennes.

Floréal. (Avril et Mai.)

10   Séance extraordinaire du tribunat ou le tribun Curée dépose sur le bureau une motion tendante à ce que Napoléon Bonaparte soit déclaré Empereur, etc. Cette motion est appuyée par Carion de Nisas et combattue par Carnot.

15   La motion du tribun Curée est adoptée par le tribunat. Carnot seul ne signe pas le procès-verbal de la séance.

28   Sénatus-consulte organique qui confère à Napoléon Bonaparte le titre d'Empereur. (*Voyez ce sénatus-consulte.*)

EMPIRE.

Messidor. (Juin et Juillet.)

26   Distribution des décorations de la Légion d'Honneur. (Des *étoiles* d'or et d'argent émaillées. Depuis la restauration on les nomme *croix.*)

Thermidor. (Juillet et Août.)

23   Fondation des prix décennaux.

TOME II.   20

An XIII. (1804 *et* 1805.)

Brumaire. (Octobre et Novembre.)

16   Sénatus - consulte qui proclame que la dignité impériale dans la personne de Napoléon Bonaparte et ses descendans a été votée par 3,572,529 et rejetée par 2,569.

Frimaire. (Novembre et Décembre.)

4   Le Pape Pie VII arrive à Fontainebleau.

11   Sacre et couronnement de l'Empereur Napoléon.

    Préparatifs de descente en Angleterre.

Pluviôse. (Janvier et Février 1805.)

17   Nomination de Joachim Murat et d'Eugène Beauharnais aux grandes dignités de grand amiral et d'archichancelier d'état de l'empire.

Ventôse. (Février et Mars.)

7   Napoléon est proclamé roi d'Italie.

Prairial. (Mai et Juin.)

15   Napoléon est couronné roi d'Italie, à Milan par le cardinal Caprara.

19   La république ligurienne (Gênes,) demande sa réunion à l'empire.

    Eugène Beauharnais est nommé vice-roi d'Italie. Création de l'ordre de la Couronne de Fer.

Thermidor. (Juillet et Août.)

21   Formation d'une nouvelle coalition contre

An XIII. 1805.

la France. Le 21 germinal la Russie et l'Angleterre avaient signé le traité qui la projet-
tait, et le 21 thermidor l'Autriche y accéda et
s'engagea à mettre ses troupes en campagne.

Fructidor. (Août et Septembre.)

9   Le camp de Boulogne est levé et les
troupes qui le composaient se dirigent vers le
Rhin.

21   Les Autrichiens se répandent en Bavière.
L'électeur se retire à Wurtzbourg et ses troupes rejoignent l'armée française.

22   Sénatus-consulte qui supprime le calendrier républicain et qui statue que le calendrier grégorien sera seul suivi à dater du
1.er janvier 1806.

An XIV. *Vendémiaire.* (Septembre et Octobre.)

3   L'armée française passe le Rhin.

10   Premières hostilités entre la France et
l'Autriche.

11   La Suède se range parmi les puissances
coalisées et s'engage à fournir un contingent
de 12,000 hommes.

15   Prise du pont du Lech ; la veille celui de
Donawert avait été enlevé.

16   Combat de Wertingen, de Grümberg et

An XIV. 1805.

Guntzbourg. L'armée autrichienne est tour-
née.

21   Six mille hommes se rendent au maréchal
Soult à Memingen.

22   Combat d'Elchingen gagné par le maréchal Ney.

25   Combat de Vérone en Italie.

27   Capitulation d'Ulm. — 30,000 hommes
mettent bas les armes.

— Le général Werneck et 10,000 hommes,
cernés par Murat, se rendent à Nordlingen.

29   Combat naval de Trafalgar. Les forces
maritimes de la France et de l'Espagne sont
battues, près de Cadix, par l'amiral anglais
Nelson. Dix-neuf vaisseaux français et espagnols furent pris ou coulés à fond. L'amiral
Nelson fut tué. L'amiral français Villeneuve
fut fait prisonnier et l'amiral espagnol fut
blessé.

— Entrée des Français dans Munich.

Brumaire. (Octobre et Novembre.)

5   Passage de l'Inn ; le théâtre de la guerre
est porté sur le territoire autrichien.

8   Salzbourg et Braünau sont pris. — L'armée
d'Italie franchit l'Adige après le combat de
Caldiero, et deux jours après elle force le
général Hiller et 5,000 h. à poser les armes.

An XIV 1806.

01 — Combat de Diernstein. 4,000 Français entourés par 30,000 Russes les battent, se dégagent, leur tuent 5,000 hommes et leur enlèvent des drapeaux et six canons.

22 — Prise de Vienne. Le lendemain Presbourg se rend et le général Jellachich et 4,000 h. mettent bas les armes.

29 — Le roi de Naples avait signé avec la France un traité de neutralité dans les derniers jours de l'an 13. Néanmoins on apprit bientôt que l'armée napolitaine se mettait sur le pied de guerre, et le 29 brumaire elle fut renforcée par 12,000 Anglo-Russes. Napoléon déclare la guerre aussitôt et ses troupes marchent vers le territoire Napolitain.

Frimaire. (Novmbere et Décembre.)

11 — Bataille d'Austerlitz.

15 — Armistice conclu à Austerlitz : il fut le résultat de la bataille du 11 et signé après une entrevue entre Napoléon et François II.

24 — Convention avec la Prusse, relative au Hanovre, à Anspach, Clèves, Neufchâtel, etc., etc.

Nivôse. (Décembre et Janvier.)

5 — Paix de Presbourg.

1806.

Janvier.

12 Evacuation de Vienne.

— Adoption d'Eugène Beauharnais par l'empereur Napoléon : il sera son successeur à la couronne d'Italie.

Février.

28 Une armée française entre dans Naples. Neufchâtel et Valengin sont cédés à la France par la Prusse qui bientôt après occupe le Hanovre.

Mars.

15 Berg et Clèves érigés en grand duché en faveur de Joachim Murat.

30 Joseph Bonaparte roi de Naples. Guastalla est donné en souveraineté à Pauline Bonaparte et Neufchâtel au maréchal Berthier. Les Etats vénitiens sont réunis au royaume d'Italie.

Mai.

9 Promulgation de troisième livre de la 2.ᵉ partie du code de procédure civile. La première partie, et les deux premiers livres de la seconde partie avaient été adoptés et promulgués dans le courant d'avril et premiers jours de mai.

30 Convocation d'une assemblée de juifs à Paris.

1806.

Juin.

5 | Louis Bonaparte est proclamé roi d'Hollande.

Juillet.

12 | Traité avec plusieurs princes allemands qui forment une fédération sous la protection de la France.

18 | La prise de la forteresse de Gaëte et la défaite de 6,000 Anglais débarqués en Calabre assurent à Joseph la paisible jouissance de la couronne de Naples.

Août.

1 | Les princes allemands, qui le 12 juillet avaient signé avec Napoléon le traité de confédération, déclarent à la diète de Ratisbonne qu'ils cessent de faire partie du corps germanique.

Septembre.

26 | Une nouvelle coalition s'est formée dans le nord; la Prusse arme contre la France. Napoléon quitte Paris pour se mettre à la tête de l'armée.

Octobre.

19 | Les hostilités commencent avec la Prusse. Le 10 au combat de Saalfeld le prince Louis de Prusse est tué.

1806.

14	Bataille d'Jéna.
16	Le prince d'Orange, les généraux Mollendorff, Larish, Graver, Leffave, Lweffel et un corps considérable capitulent dans Erfurth. Un parc d'artillerie de 120 pièces tombe entre nos mains.
17	Prise et dispersion de la réserve de l'armée prussienne à Hall.
25	Prise de Berlin; capitulation de Spandaw et de 12,000 hommes.
28	Combat de Prentzlow; le prince de Hohenloë, 16,000 hommes d'infanterie et 6 régimens de cavalerie capitulent et nous livrent 64 pièces de canon. — Le Duché de Brunswick est confisqué, et trois jours après Napoléon fait occuper les états de l'électeur de Hesse-Cassel.
26	Stettin capitule. 6,000 Prussiens sont pris à Passewalk.

Novembre.

7	Après le combat de Lubeck les Prussiens commandés par Blücher sont forcés de capituler. 21,000 hommes se rendent à l'armée française en 5 jours.
8	Magdebourg se rend au maréchal Ney; 22,000 hommes et 800 pièces de canon sont remis à l'armée française.

1806.

16	Suspension d'armes de Charlottembourg non ratifiée par le roi de Prusse.
21	Décret de Napoléon qui déclare les îles Britanniques en état de blocus.
27	Occupation du duché de Mecklembourg.
28	Varsovie tombe au pouvoir des Français.

C'est le 26 que la campagne contre les Russes s'était ouverte.

Décembre.

11   La Saxe signe la paix et son accession à la confédération du Rhin à Posen. Le 15 les différens princes de la maison de Saxe, sigent un semblable traité.

26   Combat de Pulstuk. Golimin et Soldan.

Les Russes ont 12,000 hommes pris ou tués et laissent entre nos mains 80 pièces de canon.

1807. *Janvier.*

5   Breslau capitule.

23   Les Russes quittent leurs quartiers d'hiver et malgré la rigueur de la saison, attaquent nos cantonnemens. Combat de Morhingen.

Février.

3   Combat de Bergfried.

5   Combat de Deppen.

1807.

6	Combat de Hoff.
8	Bataille d'Eylau. Les Russes ont 7,000 morts, plusieurs milliers de blessés, et perdent 24 pièces de canon. L'armée française compte 1,900 tués et 5,000 blessés. L'armée russe bat en retraite.
10	Ouverture du Sanhédrin à Paris.
16	Combat d'Ostrolenka.

Mars.

12	La maison de Nassau cède Cassel et Kostheim à la France.

Avril.

18	Plusieurs princes des maisons de Reuss, d'Anhalt, etc., accèdent à la confédération du Rhin.
	— Suspension d'armes entre la France et la Suède.
25	Décret daté de Finkenstein en Pologne, pour régler la division et l'administration des théâtres de Paris.

Mai.

17	Dantzick est remis aux armées françaises.

Juin.

5	La guerre suspendue un moment en Pologne reprend son activité. Le 5, combat de Spanden et de Lomitten; le 6, combat de

1807.

Deppen ; le 9, combat de Gustadt ; le 10, combat de Heilsberg : partout les Russes sont battus et éprouvent des pertes considérables.

14 Bataille décisive de Friedland ; les Russes eurent près de 20,000 tués ou blessés ; on leur fit 40,000 prisonniers, et 80 pièces de canon tombèrent au pouvoir de l'armée française. Kœnisberg ouvre ses portes le 16, et le lendemain le quartier général de l'armée s'établit sur les bords du Niémen.

21 Armistice entre les armées françaises, russes et prussiennes.

25 Entrevue de Napoléon et d'Alexandre sur le Niémen.

Juillet.

7 Reprise des hostilités contre la Suède.

13 Paix de Tilsitt.

Août.

19 Suppression du tribunat.

20 Stralsund est pris sur les Suédois ; dix-sept jours après, l'île de Rugen capitule.

28 Décret qui institue et organise une Cour des comptes.

Septembre.

Adoption et promulgation du Code de

1807.

commerce : il sera suivi à dater du 1.er janvier 1808.

Octobre.

10   Traité entre la France et l'Autriche, pour préciser les frontières en Italie.

14   L'empereur défend aux puissances continentales toutes relations avec l'Angleterre. Le Portugal seul ne s'était par aucun traité engagé à adhérer à cette défense.

16   Traité d'alliance avec le Danemarck, auquel les Anglais viennent d'enlever sa flotte.

20   Une armée française entre en Espagne pour forcer le Portugal à fermer ses ports à l'Angleterre.

26   La Russie se déclare contre l'Angleterre.

29   Décret qui admet gratuitement dans les lycées neuf cents nouveaux élèves, fils de militaires et de fonctionnaires publics.

Novembre.

11   Cession de Flessingue à la France.

—Le gouvernement anglais déclare tous les ports de France en état de blocus.

29   Le régent de Portugal quitte Lisbonne, et fait voile pour le Brésil ; le lendemain une armée française entre dans Lisbonne.

1808.

Décembre.

10   Le royaume d'Etrurie donné par Napoléon
à un prince d'Espagne , rentre sous la domination française par une abdication exigée
par Napoléon.

17   L'empereur déclare *dénationalisé* tout
bâtiment qui se soumettra aux dispositions
d'une mesure prise par le gouvernement
anglais.

1808. *Janvier.*

3   Traité par lequel plusieurs comtés et seigneuries acquises à la France par conquêtes et traités , sont cédés au grand duc de
Berg.

21   Sénatus-consulte qui réunit à l'empire ,
Kelh , Cassel près Mayence , Wésel , Flessingue et dépendances.

Février.

1   Junot, gouverneur du Portugal, déclare au
nom de l'empereur des Français , que la maison de Bragance a cessé de régner.

—   Le général français Miollis , occupe
Rome , avec une division.

Mars.

1   Statuts impériaux qui créent une noblesse
héréditaire avec les titres de *prince , duc ,*

1808.

comte, *baron* et *chevalier*, et constitution de majorats.

17   Création de l'université impériale, composée d'autant d'académies que l'empire contenait de cours d'appel.

18   Soulèvement du peuple de Madrid à d'Aranjuez, contre le roi Charles IV et son favori, le prince de la Paix. Le roi abdique, et le prince des Asturies est proclamé, sous le nom de Ferdinand VII. Dès le 30 octobre de l'année précédente, il y avait eu contre Charles IV, une conspiration, dans laquelle Ferdinand s'était trouvé compromis.

24   Le grand duc de Berg entre à Madrid à la tête d'un corps de troupes françaises, sous prétexte de maintenir l'ordre. Les troupes qu'il commandait étaient destinées pour le Portugal.

Avril.

2   Napoléon détache Ancône, Urbino, Macerata, Lamerino et leurs dépendances des états du Pape, pour les réunir au royaume d'Italie.

15   Après avoir visité quelques départemens de l'Ouest et du Midi, Napoléon arrive à Bayone.

20   Le prince des Asturies, Ferdinand, arrive à Bayone.

1808

30 | Charles IV, roi d'Espagne, se rend aussi à Bayone.

Mai.

1 | Le Code Napoléon est adopté en Bavière, par un des articles de la constitution.

2 | Madrid se soulève contre les troupes françaises.

6 | Ferdinand VII, proclamé roi d'Espagne le 18 mars, lors du soulèvement de Madrid et d'Aranjuez, résigne la couronne entre les mains de son père.

9 | Charles IV cède les Espagnes et les Indes, à Napoléon. Le 10, Ferdinand cède tous ses droits.

13 | La Junte de Madrid demande pour roi, Joseph-Napoléon. Peu de jours après le peuple forme la même demande.

Mai.

24 | Sénatus-consulte qui réunit à l'empire la Toscane, Parme et Plaisance.

25 | La grande Junte d'Espagne est convoquée à Bayonne, pour le 15 juin.

27 | Les provinces méridionales de l'Espagne s'insurgent.

Juin.

6 | Joseph-Napoléon, roi de Naples, est proclamé roi des Espagnes et des Indes.

1808.

— Insurrection de Porto qui s'étend bientôt dans tout le Portugal.

9   Combat à Tudéla entre les troupes françaises et les insurgés espagnols. C'est de ce moment que date la guerre d'Espagne.

15   Ouverture de la Junte espagnole à Bayonne.

20   Joseph-Napoléon, en montant sur le trône d'Espagne, donne une constitution aux napolitains : Napoléon la garantit.

Juillet.

6   Nouvelle constitution d'Espagne publiée à Bayonne par la Junte et jurée par Joseph-Napoléon.

14   Bataille de Medina del Rio Secco. Le maréchal Bessière avec 14,000 hommes défait 56,000 Espagnols commandés par Cuesta. Les vieilles troupes espagnoles opposent la plus vigoureuse résistance ; ils laissent le champ de bataille couvert de 27,000 des leurs et abandonnent quarante pièces de canon.

15   Murat, grand duc de Berg, cède son duché à Napoléon et reçoit en échange le royaume de Naples.

20   Entrée de Joseph dans Madrid.

— Capitulation de Baylen. Le corps d'armée que commandait le général Dupont

1808. *Septembre.*

reste prisonnier. Ce revers amène l'évacuation de Madrid, le mouvement rétrograde des armées françaises et la levée du siége de Saragosse.

Août.

1 En conséquence d'un traité entre les insurgés espagnols et l'Angleterre, une armée anglaise de 24,000 h. débarque en Portugal au Mondégo. Cette armée est bientôt portée à 40,000 hommes.

21 Bataille de Vimiéra en Portugal.

30 Convention de Cintra; après des prodiges de valeur, l'armée française commandée par Junot, est forcée d'évacuer le Portugal et obtient qu'elle sera transportée par mer en France.

Septembre.

18 Traité avec la Prusse : il termine quelques différents qui s'étaient élevés entre les deux couronnes.

27 Napoléon arrive à Erfurth ; il y reste jusqu'au 14 octobre et y a tous les jours des entrevues avec l'empereur Alexandre. Les liens d'amitié entre la France et la Russie sont resserrés et la confédération du Rhin est consolidée.

1808.

Novembre.

5   Napoléon entré en Espagne le 4, établit son quartier-général à Vittoria.

8   Prise de Burgos.

10   Ce jour voit détruire deux armées espagnoles : celle de Galice que commande le général Blake près d'Espinosa, et celle d'Estramadure dans les plaines de Burgos.

17   Le code d'instruction criminelle présenté au corps législatif par le conseiller d'état Treilhard est discuté et adopté successivement.

23   Bataille de Tudéla. L'armée d'Andalousie commandée par Castaños est mise en déroute.

29   Convention pour l'évacuation de la Prusse, à l'exception de trois forteresses qui gardent une garnison française.

30   Le passage du Sommo ets défendu par 15,000 espagnols en force.

Décembre.

4   Reddition de Madrid. Suppression par décrets impériaux du Conseil de Castille et de l'Inquisition ; suppression des deux tiers des couvens ; abolition des droits féodaux, etc., etc.

1809.

9   Les différentes autorités de Madrid demandent le retour du roi Joseph.

20   Une armée anglaise qui marchait sur Madrid bat en retraite et est vivement poursuivie.

1809. *Janvier.*

5   Combat de Cacabella où l'armée anglaise est battue. Le général français Colbert y est tué.

12   La Guyanne française tombe au pouvoir des Portugais et des Espagnols.

13   Combat de Tarazona où le maréchal Victor détruit l'armée espagnole de Vénégas.

16   Combat de la Corogne où l'armée anglaise poursuivie depuis le 20 décembre est complètement battue ; elle est forcée de s'embarquer et son général sir John Moore est tué.

22   Entrée solennelle du roi Joseph à Madrid.

25   Retour de Napoléon à Paris.

Février.

1   Préparatifs contre l'Autriche qui prend une position hostile. La confédération du Rhin est invitée à tenir son contingent disponible.

1809.

21   Prise de Saragosse par les Français.

24   La Martinique se rend aux Anglais.

Mars.

2   Le gouvernement des départemens de la Toscane est érigé en grande dignité. Elisa Bonaparte, princesse de Lucque et Piombino, en est revêtue sous le titre de Grande Duchesse de Toscane. Le grand duché de Berg est cédé au fils du roi d'Hollande.

8   Création d'une école de cavalerie à Saint-Germain en Laye.

28   Bataille de Médelin. Le maréchal Victor y fait 20,000 prisonniers aux Espagnols.

29   Combat d'Oporto où les forces portugaises sont écrasées par le maréchal Soult.

Avril.

1   Les Autrichiens commencent les hostilités et envahissent la Bavière. Ils entrent aussi en Italie, et le 15 ils pénètrent dans le grand duché de Warsovie. Ce ne fut que le 16 que la guerre fut activement commencée en Allemagne et en Italie par les combats de Pfaffenhofen et de Sacile.

19   Combat de Thann.

20   Bataille d'Abensberg ; les Autrichiens per-

1809.

dent 18,000 hommes, 12 canons, 8 drapeaux.
Landshut ouvre ses portes et on y prend 8,000
hommes, 30 pièces de canon, 6,000 caissons
attelés, 3,000 voitures de bagages et 3 superbes équipages de pont.

22   Bataille d'Eckmühl. L'armée autrichienne
perd la plus grande partie de son artillerie,
abandonne ses blessés et laisse 20,000 hommes entre les mains des Français. Le lendemain Ratisbonne fut pris de vive force.

29   Combats de Caldiéro et de Montebello en
Italie. Les Français ont l'avantage.

Mai.

5   Combat d'Ebersberg; l'armée autrichienne
perd plus de 12,000 hommes.

— Déclaration de guerre de la Russie à
l'Autriche.

8   Bataille de la Piave gagnée par le vice-roi
d'Italie.

12   Prise de Vienne.

17   Décret de Napoléon, confirmé par un sénatus-consulte, qui réunit les États du pape
à l'empire.

19   Inspruck est pris par le duc de Dantzick ;
le Tyrol est pacifié.

— L'armée russe commence les hostilités

1809.

contre les Autrichiens qui s'étaient emparés de Warsovie.

22

Le 21, l'armée française, après avoir construit trois ponts sur le Danube, commença à défiler sur la rive gauche du fleuve. Les Autrichiens cherchèrent à s'y opposer, et déployèrent 90,000 hommes et 200 bouches à feu. Leurs efforts furent inutiles; et battus à Gross-Aspern et à Essling, ils furent obligés de cesser leur feu. La nuit du 21 au 22 fut occupée à faire passer plusieurs divisions françaises. Le 22, les Autrichiens recommencèrent l'attaque; mais vivement repoussés, ils opéraient leur retraite, lorsqu'on apprit que les ponts sur le Danube avaient été emportés par une crue subite des eaux. Les Autrichiens encouragés se rallièrent et revinrent au combat; les Français séparés de leurs parcs, de leurs magasins et des corps d'armées qui étaient sur la rive droite, se concentrèrent à Essling, à Gross-Aspern, à Enzersdorff. Le combat fut terrible: trois fois les Autrichiens avec des troupes fraîches, l'élite de leur armée, vinrent à la charge; trois fois ils furent repoussés. La perte fut énorme de part et d'autre: les Autrichiens eurent 25 de leurs généraux et 60 officiers supérieurs tués ou blessés. La France perdit

1809.

le brave maréchal Lannes et le général Durosnel. Le 23 , l'armée française évacua la rive gauche du fleuve , et se retira dans l'île d'Inder-Lobau.

27   Jonction de la grande armée et de l'armée d'Italie près du Sommering.

Juin.

5   Le vice-roi d'Italie marche sur la Hongrie.

14   Bataille de Raab en Hongrie , gagnée par le vice-roi.

5   Combat de Santa-Fé en Espagne , où le général Suchet bat le général Blacke.

Juillet.

4   Passage du Danube par l'armée française.

5   Bataille d'Enzersdorf. Elle prépare le champ de bataille du 6.

6   Bataille de Wagram. Les trophées de la journée furent 10 drapeaux , 40 pièces de canon , 20,000 prisonniers.

10   Armistice entre la France et l'Autriche , signée à Znaïm.

26   Bataille de Talaveyra de la Reyna en Espagne. Wellington , général anglais , quitte le champ de bataille , abandonne 4,000 blessés , et s'adjuge la victoire.

31   Une flotte anglaise paraît sur les côtes de

1810.

Janvier.

Zélande, et débarque une armée dans l'île de Walcheren.

Août.

1   Middelbourg et Tervère en Zélande, se rendent aux Anglais.

11   Bataille d'Almonacid ; le général espagnol Vénégas est battu.

15   Flessingue se rend, par capitulation, aux Anglais, qui menacent Anvers. Mais les promptes dispositions prises par les généraux français, et les maladies qui détruisent l'armée anglaise, hâtent son embarquement et la délivrance du sol de l'empire.

Octobre.

14   Paix de Presbourg.

Novembre.

10   Bataille d'Occana. Les Espagnols perdent 20,000 hommes, 15 pièces de canon et 6 drapeaux. 24,000 Français y combattirent contre 60,000 Espagnols.
— Girone capitule.

Décembre.

17   Décrets et sénatus-consultes relatifs à la dissolution du mariage de Napoléon avec l'impératrice Joséphine.

1810.
Janvier.

6 Paix entre la France et la Suède.

14 L'officialité de Paris reconnaît la nullité du mariage de Napoléon et de Joséphine.

20 Les Espagnols sont forcés et battus dans les défilés de la Sierra-Moréna ; ce succès amène la soumission de toute l'Andalousie, à l'exception de Cadix.

Février.

2 Sénatus-consulte qui règle la dotation de la couronne.

18 Le sénat prononce la réunion des Etats romains au territoire de l'empire.

19 Adoption du Code pénal.

24 Traité de paix avec la Suède.

Mars.

4 Création du grand duché de Francfort, en faveur du prince Primat.

11 Le mariage de Napoléon et de Marie-Louise, archiduchesse d'Autriche, est célébré à Vienne.

Avril.

2 Solennité du mariage de Napoléon et de Marie-Louise.

23 Combat devant Lérida, où le général Suchet défait l'armée espagnole, commandée par le général O'Connel : 5,600 prisonniers, 3 canons, 1 drapeau.

1810.

Mai.

5 Réunion de quelques cantons situés sur les rives du Bas-Rhin à l'Empire.

14 Prise de Lérida en Espagne. 8,000 hommes sont prisonniers ; et 150 pièces de canon, 10,000 fusils, 10 drapeaux sont remis à l'armée française.

Juillet.

4 Décret qui accorde des récompenses aux personnes qui découvriront des plantes indigènes propres à remplacer l'indigo.

20 Création de six maisons d'éducation, dites des *Orphelines*, pour les filles des militaires morts au champ d'honneur.

Août.

20 Charles-Jean Bernadotte, maréchal d'empire, fait prince de Ponte-Corvo par l'empereur, est élu successeur de Charles XIII, au trône de Suède, par les états assemblés.

21 L'armée destinée à reconquérir le Portugal sous les ordres de Masséna, prince d'Essling, prend Almeida.

Septembre.

15 Nouvelle valeur en francs, donnée aux anciennes monnaies.

30 Prise de Coïmbre en Portugal. Le 26, l'armée avait livré avec désavantage le combat de Busaco.

1810.

Octobre.

18 Décret qui ordonne que les marchandises anglaises seront saisies et brûlées. Création de cour prévotales des douanes.

Novembre.

12 Réunion du Valais à l'empire.

Décembre.

3 Prise de l'île de France par les Anglais.

13 Sénatus-consulte qui réunit la Hollande, les villes anséatiques, etc., à l'empire.

16 Création d'une conscription maritime.

1811. *Janvier.*

2 Tortose en Espagne se rend à une armée française.

20 Prise d'Oporto ; le 22, Olivença, que l'espagnol Mendizabal avec 18,000 hommes essaya de défendre, subit le même sort.

Février.

19 Bataille de Gébora. 10,000 prisonniers, tous les bagages et toute l'artillerie des Espagnols furent les résultats de la journée.

Mars.

6 L'armée de Portugal, aux ordres du prince d'Essling, commence à opérer sa retraite devant les forces Anglo-Portugaises. Après des combats honorables à Pombal, à Redinha, à Orienzé et à Sabugal, les Français arrivèrent

1811.

le 4 derrière l'Aguéda où ils purent prendre quelque repos.

Avril.

20   Naissance de Napoléon-François-Charles-Joseph, roi de Rome.

25   Convocation des évêques de l'empire au concile national.

Mai.

10   Bataille d'Albuéra en Estremadure. Elle est indécise.

16   Belle retraite du général Brennier et de la garnison d'Almeida. Après avoir fait sauter les fortifications de la place, ils se firent jour à travers toute l'armée anglaise, et rejoignirent les corps du prince d'Essling.

Juin.

17   Ouverture d'un concile national assemblé à Paris. Pas de résultats utiles.

28   Tarragone est pris d'assaut. 10,000 prisonniers, 584 pièces de canon, et 500 milliers de poudre, furent le prix de ces succès.

Août.

19   Prise de Figuières.

Octobre.

18   Création de l'Ordre de la Réunion.

1811.

25   Bataille de Sagonte. Le maréchal Suchet y fit 4000 prisonniers au général espagnol Blake.

1812. *Janvier.*

9   Établissement d'écoles pour apprendre la fabrication du sucre indigène.

17   Prise de Valence. L'armée qui défendit cette ville était de 20,000 hommes ; elle mit bas les armes.

Février.

24   Traité entre la France et la Prusse. On se garantit réciproquement l'intégralité des possessions actuelles.

Mars.

13   Nouvelle organisation de la garde nationale. Elle est divisée en trois Bans.

24   Traité d'alliance entre l'Autriche et la France. Ces deux puissances se garantissent l'intégralité de leurs possessions, et garantissent les possessions de la Porte-Ottomane en Europe.

28   Renouvellement des capitulations avec la Suisse.

Mai.

9   Napoléon quitte Paris pour aller inspecter une grande armée, qui se formait sur la

1812.

Vistule. L'impératrice l'accompagne jusqu'à Dresde.

Juin.

19 Arrivée du Pape à Fontainebleau, après trois ans de résidence à Savone.

22 Proclamation datée de Wilkowefoky, où Napoléon annonce la guerre avec la Russie.

23 Le Niémen est franchi par l'armée française. Les Russes se retirent et abandonnent la Lithuanie.

28 Le quartier général de la grande armée, est porté à Wilna, capitale de la Lithuanie. Napoléon y reçoit une députation qui vint lui présenter l'acte fédératif de la Pologne et de la Lithuanie.

Juillet.

16 Combat de Drissa : le général Sébastiani y bat les Russes.

22 Bataille des Arapilez en Espagne. Elle fut honorable, mais désavantageuse pour les français. Elle entraîne l'évacuation de l'Andalousie et de Madrid.

23 Combat de Mohilow, où le prince d'Eckmühl bat les Russes.

25 Combat d'Ostrowno. On enleve vingt pièces de canon aux Russes, et deux jours après on entre dans Witepsk.

1812.

Août.

17 | Bataille et prise de Smolensk.
18 | Combat de Polotz, et le 19, combat de Valontina.

Septembre.

7 | Bataille de la Moskowa.
14 | Entrée de la grande armée dans Moskow.

Octobre.

15 | Commencement de la retraite de la grande armée de Russie. Moskow fut évacué le 23, après qu'on eut fait sauter le Kremlin.
22 | L'armée anglo-espagnole, qui s'était avancée jusqu'à Burgos, se retire vers le Portugal.
23 | Conspiration du général Mallet, tendant à renverser le gouvernement de Napoléon.
24 | Combat de Malo-Jaroslawetz en Russie. Le prince Eugène en eut tout l'honneur.

Novembre.

1 | Les armées françaises reprennent Madrid.
2 | Combat de Wiasma où les Russes sont battus.
24 | Combat de Borisaw. Le maréchal Oudinot s'y couvre de gloire.
28 | Passage de la Bérésina.

Décembre.

28 | Napoléon quitte l'armée pour se rendre en

1812.

France, et laisse le commandement au roi de Naples.

| 18 | Arrivée de Napoléon à Paris. |

1813. *Janvier.*

| 5 | L'armée française évacue la Pologne, jusqu'à la Vistule. |
| 25 | Concordat de Fontainebleau. |

Février.

| 5 | Sénatus-consulte qui règle que les impératrices pourront exercer la régence. |

Mars.

| 25 | Marie-Louise d'Autriche, impératrice de France, est nommée régente, pendant l'absence de Napoléon. |

Avril.

1	Déclaration de guerre à la Prusse, qui fait cause commune avec la Russie.
15	Départ de Napoléon pour ouvrir la Campagne de Saxe.
27	Le maréchal Ney, prince de la Moskowa, ouvre la campagne de 1813, en gagnant le combat de Weissenfelds.

Mai.

| 2 | Bataille de Lutzen. Les Russes et les Prussiens sont battus et forcés d'évacuer la Saxe. Le maréchal Bessières est tué. |

1813.

21 — Bataille de Bautzen qui rejette les alliés vers l'Oder. Le 19 ils avaient été battus vers Kœnigswertha, le 20 à Wurchen. Le 22 le grand maréchal du palais, Duroc, fut tué à la rencontre de Reschembach.

Juin.

4 — Armistice de Pleswits entre les Russes, les Prussiens et les Français. Il fut signé à l'invitation de l'Autriche qui se porta pour médiatrice au prétendu congrès de Prague et qui profita du temps pour mettre ses armées en état d'aider les alliés à accabler la France.

21 — Bataille de Vittoria en Espagne. Elle décida l'évacuation de la Péninsule.

Juillet.

5 — Conférences pour la paix continentale à Dresde et à Prague.

Août.

10 — Déclarations de guerre de l'Autriche à la France.

14 — Reprise des hostilités.

15 — Arrivée de Moreau au quartier-général des alliés.

27 — Bataille de Dresde; les alliés y font des pertes énormes. Moreau est blessé mortellement.

1813.

29   Affaire de Culm en Bohême. Le général Vandamme y perd son corps d'armée et est fait prisonnier.

Septembre.

6   Combat de Dennewitz où le maréchal Ney fût obligé de céder à des forces trop supérieures pour espérer le succès.

Octobre.

8   L'armée Anglo-Espagnole franchit la Bidassoa et porte le théâtre de la guerre sur le territoire français.

16   Bataille de Wachau. Pertes énormes sans résultats importans.

18   Bataille de Leipsick. Elle semblait gagnée lorsque la trahison de l'armée Saxonne qui quitta la ligne pour se réunir aux alliés, leur assura le succès. Retraite forcée de l'armée. Attaque de Leipsick. Rupture précipitée du pont de Lindeneau. Mort du prince Poniatowski. Perte de 50,000 hommes en prisonniers, tués ou blessés.

30   Bataille de Hanau. Les Autrichiens et les Bavarois s'étant réunis contre la France, marchèrent de concert vers le Rhin pour couper toute retraite à l'armée française qui était en Saxe. Ce plan fut rompu à Hanau

1813.

où les Français battirent 80,000 hommes de troupe d'élite commandés par le général de Wrède.

Novembre.

2 Toute l'armée française rentre sur la rive gauche du Rhin.

11 Le général Gouvion-Saint Cyr resté dans Dresde avec son corps d'armée, signe une convention ou on lui accorde que son corps d'armée rentrera en France. À peine a-t-il quitté ses positions que les alliés rompent la convention et lui déclarent que son armée est prisonnière.

Décembre.

21 Tandis que des plénipotentiaires réunis à Châtillon traitent de la paix, les alliés violent la neutralité suisse et pénètrent sur le territoire de l'empire.

1814. *Janvier.*

2 L'armée de Blücher passe le Rhin à Manheim.

—Après un an de défense, le général Rapp rend Dantzick aux alliés.

11 Le roi de Naples traite avec les Autrichiens et tourne ses armes contre la France.

1814.

29 Combat de Brienne ; les alliés sont battus après une vive résistance.

Février.

1 Bataille de la Rothière. Les alliés resaississent l'avantage et les Français évacuent Troyes.

10 Bataille de Champ-Aubert. Les Russes y perdent 30 pièces de canon et 3,000 hommes.

11 Bataille de Mont-Mirail. Les Prussiens et les Russes y perdent 8,000 hommes et plusieurs pièces de canon.

14 Combat de Vauchamp ; Blücher est battu. Pendant ce succès Soissons nous était enlevé.

17 Combat de Nangis. Les Autrichiens et les Bavarois éprouvent des pertes.

18 Bataille de Montereau où le prince royal de Wurtemberg est battu.

26 Prise de La Fère par les Prussiens.

27 Bataille d'Orthès sur les frontières d'Espagne. Le succès reste à Wellington.

Mars.

7 Bataille de Craone. Affaire brillante , peu de résultats.

9 Combat de Laon. Attaque meurtrière et inutile.

1814.

13 | Après avoir défait un corps russe à Rheims, Napoléon commence cette manœuvre qui, mieux secondée, ou seulement moins contrariée par ses généraux, devait perdre les alliés et qui lui ravit la couronne.

15 | Rupture du congrès de Chatillon.

21 | Lyon est occupé par les Autrichiens.

27 | Combat de La Fère Champenoise. Le maréchal Marmont duc de Raguse éprouva des pertes énormes.

30 | Bataille de Paris. 18,000 conscrits, invalides ou blessés, résistent à 150,000 alliés et leur font éprouver une perte énorme.

31 | Paris est remis aux alliés par une convention signée la veille.

Avril.

3 | Sans en avoir le droit, la minorité du sénat prononce la déchéance de l'empereur Napoléon.

4 | Napoléon abdique en faveur de son fils.

10 | Bataille de Toulouse. Elle couvre de gloire les vaincus et diminue les lauriers des vainqueurs.

11 | Abdication pure et simple de Napoléon. Traité qui lui assure l'île d'Elbe et six millions de revenu.

CAMPAGNES

DE

NAPOLÉON BONAPARTE,

ET

BATAILLES COMMANDÉES PAR LUI EN PERSONNE.

CAMPAGNES D'ITALIE, *(Autrichiens et Piémontais.)*

1796.   *Avril.*

          11 . . . . Montenotte.

          14 . . . Millésimo.

          15 . . . Dégo.

    Mai.

          10 . . . . Pont de Lodi.

    Août.

          3 . . . Lonado.

          5 . . . Castiglione.

  Septembre.

          4 . . . Rovéredro.

          8 . . . Bassano.

          15 . . . Saint-Georges.

  Novembre.

          15 . . . Arcole.

1797.   *Janvier.*

          13 . . . Rivoli.

          16 . . . La Favorite.

Mars.

>12 . . . Tagliamento.
>20 . . . Lavis.

CAMPAGNE D'ÉGYPTE, *(Mamelucks et Arabes.)*

1798. *Juillet.*

>13 . . . Chébreisse.
>21 . . . Pyramides.

CAMPAGNE DE SYRIE, *(Turcs et Mamelucks.)*

1799. *Avril.*

>Jaffa.
>15 . . . Mont-Thabor.

2.e CAMPAGNE D'ÉGYPTE, *(Turcs et Mamelucks.)*

Juillet.

>25 . . . Aboukir.

CAMPAGNE D'ITALIE, DITE DE *MARENGO*, *(Autrichiens.)*

1800. *Avril.*

>9 . . . Passage du Mt.-St-Bernard.

Juin.

>9 . . . Montébello.
>14 . . . Marengo.

1.re CAMPAGNE D'AUTRICHE, *(Autrichiens et Russes.)*

1805. *Octobre.*

>8 . . . Wertingen.
>9 . . . Güntzbourg.

14 . . . Memmingen.
15 . . . Elchingen.
16 . . . Ulm.

Décembre.

2 . . . Austerlitz.

CAMPAGNE DE PRUSSE , *(Prussiens , Suédois et Saxons.)*

1806.   *Octobre.*

14 . . . Jéna.

CAMPAGNE DE POLOGNE', *(Russes et Prussiens.)*

Décembre.

23 . . . Czarnowo.
26 . . . Pulstuck.

1807.   *Février.*

6 . . . Eylau.

Juin.

14 . . . Friedland.

CAMPAGNE D'ESPAGNE , *(Espagnols et Anglais.)*

1808. *Novembre.*

10 . . . Burgos.
23 . . . Tudéla.

Décembre.

3 . . . Madrid.

2.ᵉ CAMPAGNE D'AUTRICHE, *(Autrichiens.)*

1809.   *Avril.*
                21 . . . Abensberg.
                22 . . . Eckmülh.
                23 . . . Ratisbonne.
          Mai.
                11 . . . Prise de Vienne.
                22 . . . Essling.
          Juillet.
                 6 . . . Wagram.

CAMPAGNE DE RUSSIE, *(Russes.)*

1812.   *Juillet.*
                27 . . . Witepsk.
          Août.
                17 . . . Smolensk.
          Septembre.
                 7 . . . Moskwa.
          Novembre.
                25 . . . Bérésina.

CAMPAGNE DE SAXE, *(Russes, Prussiens, Sué-
    dois, Autrichiens, Saxons, Bavarois).*

1813.   *Mai*
                 2 . . . Lutzen.
                20 . . . Bautzen.
                21 . . . Wurtchen.

Août.

26 . . . Dresde.

Octobre.

16 . . . Wachau.

18 . . . Leipsick.

3o . . . Hanau.

CAMPAGNE DE FRANCE , (*Toutes les armées de l'Europe , excepté celles de la Turquie.*)

1814.   *Janvier.*

29 . . . Brienne.

Février.

2 . . . La Rothière.

9 . . . Champ Aubert.

11 . . . Mont-Mirail.

14 . . . Vauchamp.

17 . . . Nangis.

19 . . . Montereau.

Mars.

7 . . . Craonne.

9 . . . Laon.

11 . . . Rheims.

CAMPAGNE DE BELGIQUE , (*Prussiens , Anglais , Saxons , Hollandais.*)

1815.   *Juin.*

16 . . . Ligny-sous-Fleurus.

18 . . . Waterloo.

FASTES DES BONAPARTES.

23 *Février* 1796.

NAPOLÉON BONAPARTE est nommé au commandement de l'armée d'Italie.

8 *Mars.*

Napoléon Bonaparte épouse *Joséphine Tascher de la Pagerie*, veuve Beauharnais. (1)

9 *Novembre* 1799, (18 Brumaire.)

Napoléon Bonaparte, *Premier Consul* de la République française pour dix ans.

20 *Janvier* 1800.

Le général Joachim Murat épouse M. A. Caroline, sœur de Napoléon Bonaparte.

3 *Janvier* 1802.

Louis Bonaparte épouse Hortense Eugénie de Beauharnais, fille de Joséphine, épouse du premier consul.

26 *Janvier.*

Napoléon Bonaparte est nommé *Président de la République Italienne.*

8 *Mai.*

Le sénat ayant nommé Napoléon Bonaparte *Consul*

____

(1) Le libraire Plancher, rue Poupée, N°. 7, vient de publier les *Mémoires* de cette femme célèbre. Un vol. in-8°. Prix, 5 fr.

pour dix ans; il pourra être continué à l'expiration de ces dix premières années.

2 *Août.*

Napoléon Bonaparte est proclamé *Consul à vie.*

15 *Août.*

L'abbé Fesch, oncle du premier consul, est sacré évêque.

Janvier 1803.

L'évêque Fesch est nommé cardinal.

18 *Mai* 1804.

Napoléon Bonaparte est proclamé EMPEREUR DES FRANÇAIS.

2 *Décembre.*

Le pape Pie VII, sacre l'empereur Napoléon dans l'église de Notre-Dame de Paris.

18 *Mars* 1805.

Napoléon est nommé *Roi d'Italie.*

18 *Mars.*

Le gouvernement de la principauté de Piombino, est confié à Elisa Bacciochi, sœur de Napoléon.

26 *Mai.*

Napoléon est couronné *Roi d'Italie* à Milan.

8 *juin.*

Eugène Beauharnais, fils de l'Impératrice Joséphine, est nommé *Vice-Roi d'Italie.*

23. —

La princesse de Piombino devient Princesse de Lucques.

12 *Janvier* 1806.

Le prince Eugène, vice-roi d'Italie, est adopté par l'empereur Napoléon, qui le nomme son successeur au royaume d'Italie.

14 —

Le vice-roi épouse la princesse Augusta Amélie de Bavière.

4 *Mars*.

Napoléon adopte Stéphanie de Beauharnais, nièce de l'impératrice Joséphine.

15 —

Joachim Murat, beau-frère de Napoléon, est nommé grand-duc de Berg et de Clèves.

30 —

Statuts constitutionnels de la famille impériale.

—

Joseph-Napoléon, grand-électeur de l'empire, est déclaré *Roi de Naples et de Sicile*.

—

Pauline Borghèse, sœur de Napoléon, reçoit le duché de Guastalla.

7 *Avril*.

La princesse Stéphanie de Beauharnais épouse le prince électoral de Bade.

27 Mai.

L'électeur archichancelier de l'empire d'Allemagne (bientôt après le prince Primat,) nomme le cardinal Fesch, son coadjuteur.

5 Juin.

Louis Bonaparte, connétable de l'empire, est nommé *Roi de Hollande.*

1.er Août.

L'empereur Napoléon est déclaré *Protecteur* de la Confédération du Rhin.

Juillet 1807.

Jérôme Bonaparte est proclamé *Roi de Westphalie.*

22 Août.

Jérôme épouse la princesse de Wurtemberg.

1.er Février 1808.

Le prince régent d'Aremberg, épouse une nièce de l'impératrice Joséphine.

2 Février.

Le prince Borghèse, duc de Guastalla, est créé gouverneur général des départemens au-delà des Alpes.

6 Juin.

Joseph Napoléon, roi de Naples, est déclaré *Roi des Espagnes et des Indes.*

15 *Juillet.*

Murat, grand duc de Berg, est porté au trône de Naples.

3 *Mars* 1809.

Elisa, princesse de Lucques et Piombino, est revêtue du gouvernement des départemens de la Toscane, sous le titre de Grande-Duchesse de Toscane.

— Napoléon donne le grand duché de Berg au prince Louis, fils du roi d'Hollande, et s'en réserve l'administration pendant sa minorité.

Louis Bonaparte quitte le trône d'Hollande.

17 *Décembre.*

Divorce de Napoléon et de Joséphine.

2 *Avril* 1810.

Mariage de Napoléon avec Marie-Louise, archiduchesse d'Autriche.

20 *Mars* 1811.

Naissance de Napoléon – François – Charles-Joseph, prince impérial, roi de Rome.

30 *Mars* 1813.

L'impératrice Marie-Louise est revêtue de la régence de l'Empire.

11 *Janvier* 1814.

Joachim Murat tourne les forces du royaume de Naples contre la France.

11 *Avril.*

Napoléon abdique. De toute sa famille, Murat, seul, à la faveur de son traité du 11 janvier, conserve la couronne; il ne la garde que jusqu'en avril 1815.

La famille de Bonaparte est montée sur six trônes, ceux de France, d'Italie, d'Espagne, de Naples, d'Hollande et de Westphalie; a possédé le duché de Berg et Clèves, la principauté de Lucques et Piombino, le duché de Guastalla; était héritière du grand duché de Francfort, et s'est alliée aux maisons souveraines d'Autriche, de Bavière, de Wurtemberg, de Brunswick, de Bade et d'Aremberg.

FIN DU SECOND ET DERNIER VOLUME.

TABLE ANALYTIQUE

DE

L'INTRODUCTION A L'HISTOIRE

DE L'EMPIRE FRANÇAIS.

TOME SECOND.

LIVRE SIXIÈME.

Organisation de l'Empire.

PREMIÈRE PARTIE. CONSTITUTION DE L'EMPIRE.

SECONDE PARTIE.

TERRITOIRE ET POPULATION.

TROISIÈME PARTIE.

POLICE DES POUVOIRS.

QUATRIÈME PARTIE.

SITUATION DE L'EMPIRE EN 1813.

SUPPLÉMENT.

FIN DE LA TABLE DU SECOND VOLUME.